战国中山王𠻱圆鼎

战国中山三器铭文字卡·之一

河北博物院 编

郝建文 撰

文物出版社

图书在版编目（CIP）数据

战国中山三器铭文字卡．战国中山王譽圆鼎 / 河北博物院编；郝建文撰．-- 北京：文物出版社，2024.9．-- ISBN 978-7-5010-8545-3

Ⅰ. K877.3

中国国家版本馆 CIP 数据核字第 20241UZ711 号

战国中山三器铭文字卡之一
战国中山王譽圆鼎

编　　者：河北博物院
撰　　者：郝建文

责任编辑：崔叶舟　蔡　敏
装帧设计：程星涛
责任印制：王　芳

出版发行：文物出版社
社　　址：北京市东城区东直门内北小街 2 号楼
邮政编码：100007
网　　址：http://www.wenwu.com
邮　　箱：wenwu1957@126.com
经　　销：新华书店
印　　刷：宝蕾元仁浩（天津）印刷有限公司
开　　本：889mm × 1194mm　1/32
印　　张：3.75
版　　次：2024 年 9 月第 1 版
印　　次：2024 年 9 月第 1 次印刷
书　　号：ISBN 978-7-5010-8545-3
定　　价：98.00 元（全三册）

中山王嚳（音cuò）圆鼎

通高51.5、口径42、最大径65.8厘米，重60千克；铭文469字，内有重文10字、合文2字。

临写注意事项

一、铭文的长宽比例。铭文字形修长，结构舒适，重心大都偏上。宽与高的比例约为1:3。

二、笔顺。每个人的书写习惯不同，同样的字，在临写时笔顺顺序会存在差异。但是需要观察分析，有的字看似一笔，实则两笔，如果用一笔去临写，字形难于接近古人，韵味也会改变。

三、笔画。多为尖入尖出，横画多藏锋，竖画挺劲，宛若悬针。弯曲的笔画如蛇弓，富有弹性。笔势连贯，疏密得当。笔画自身有粗细变化，不同笔画之间有粗细对比。

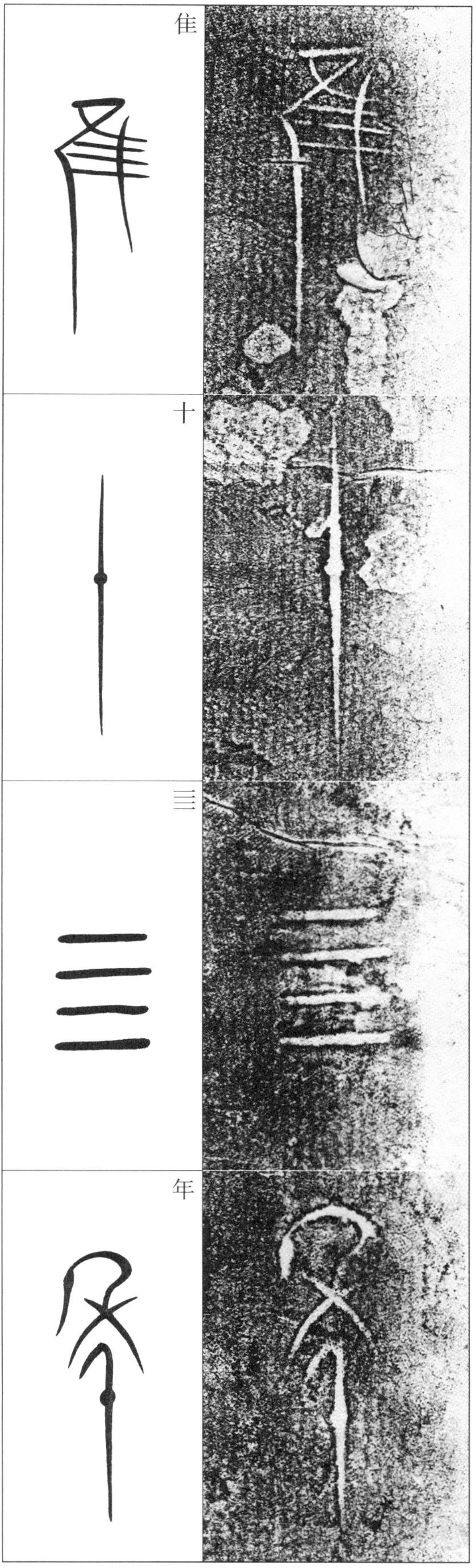

隹（惟）十三（四）年，

中山王嚳

中

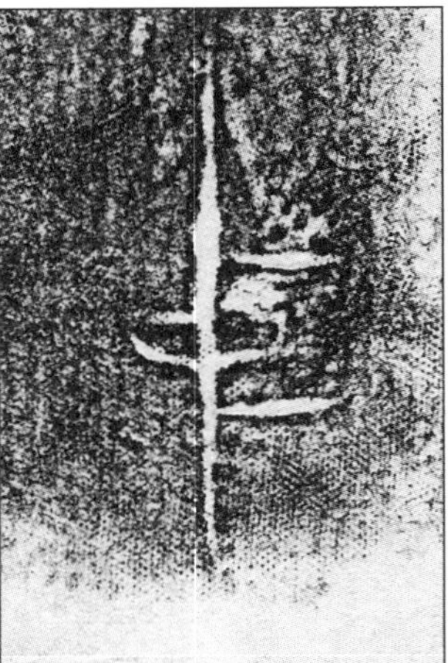

山

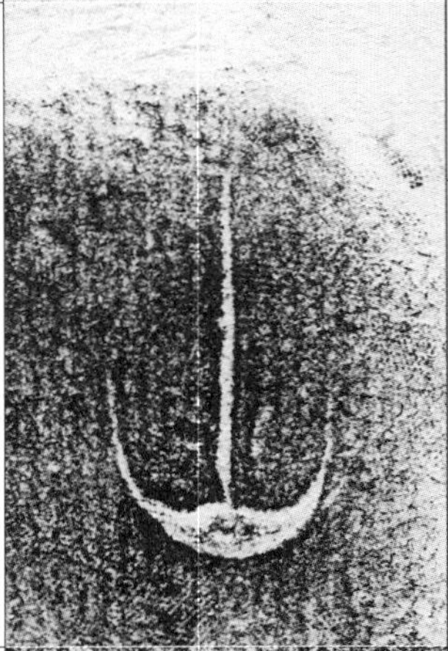

王

嚳

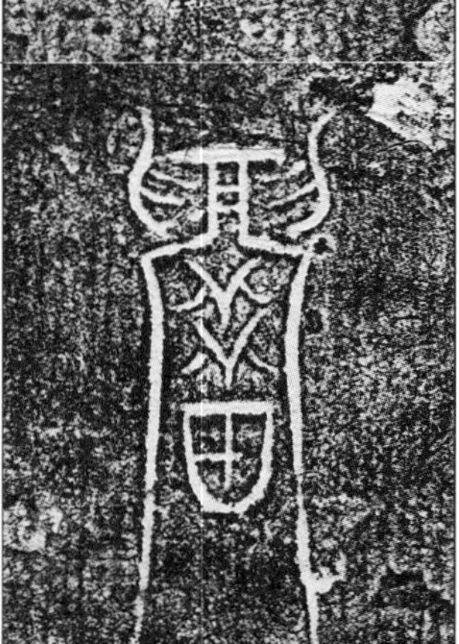

詐（作）鼎于銘

詐

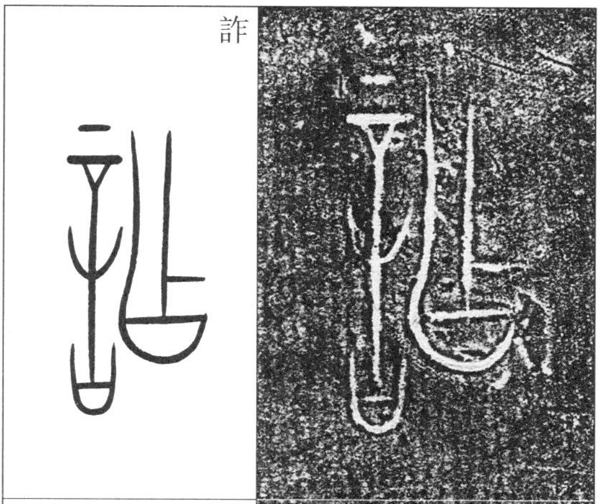

鼎

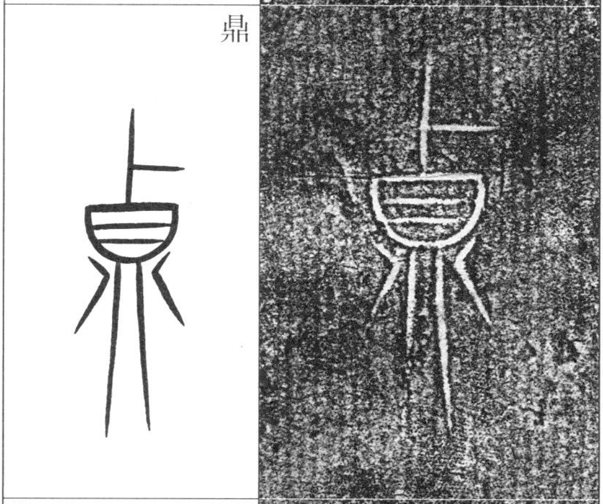

于

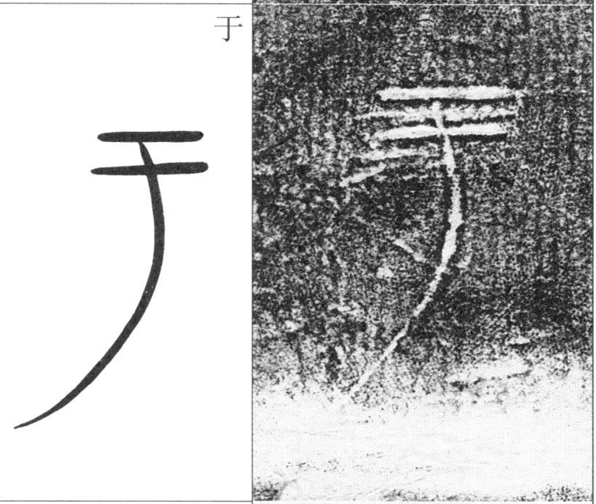

銘

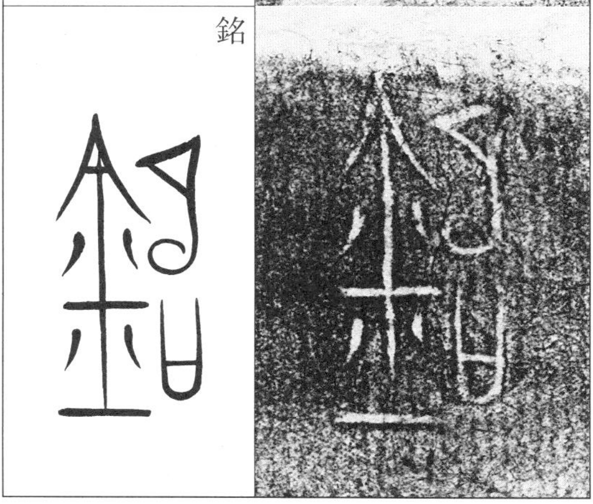

曰：於（嗚）虖（呼）！語

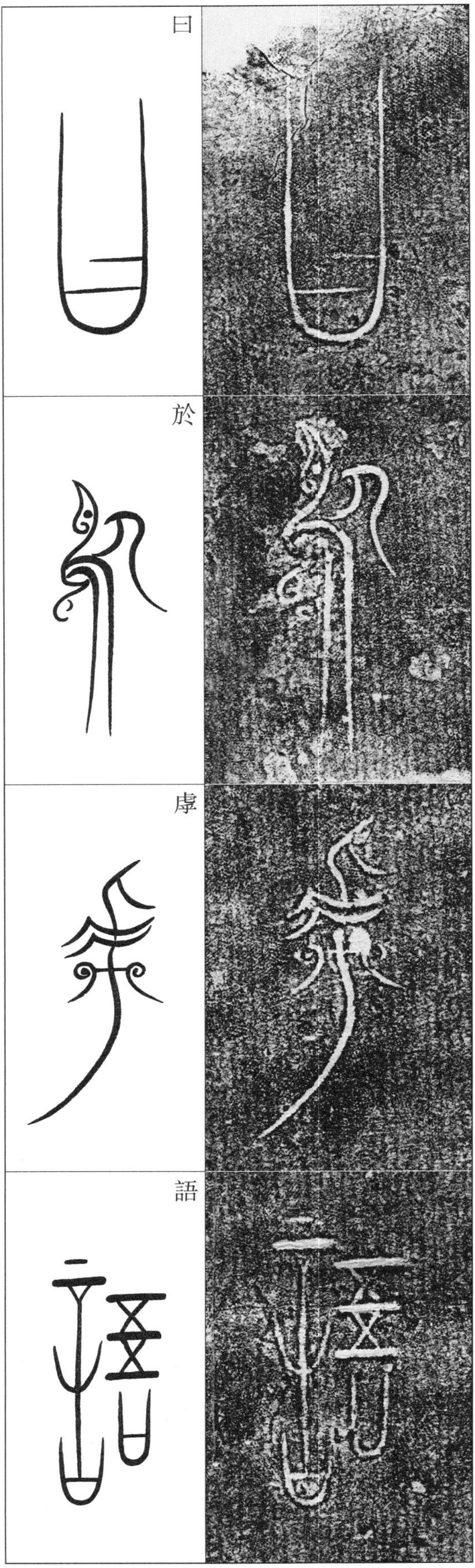

不蹳（廢）⿱𢆶才（哉）！⿻頁八（寡）

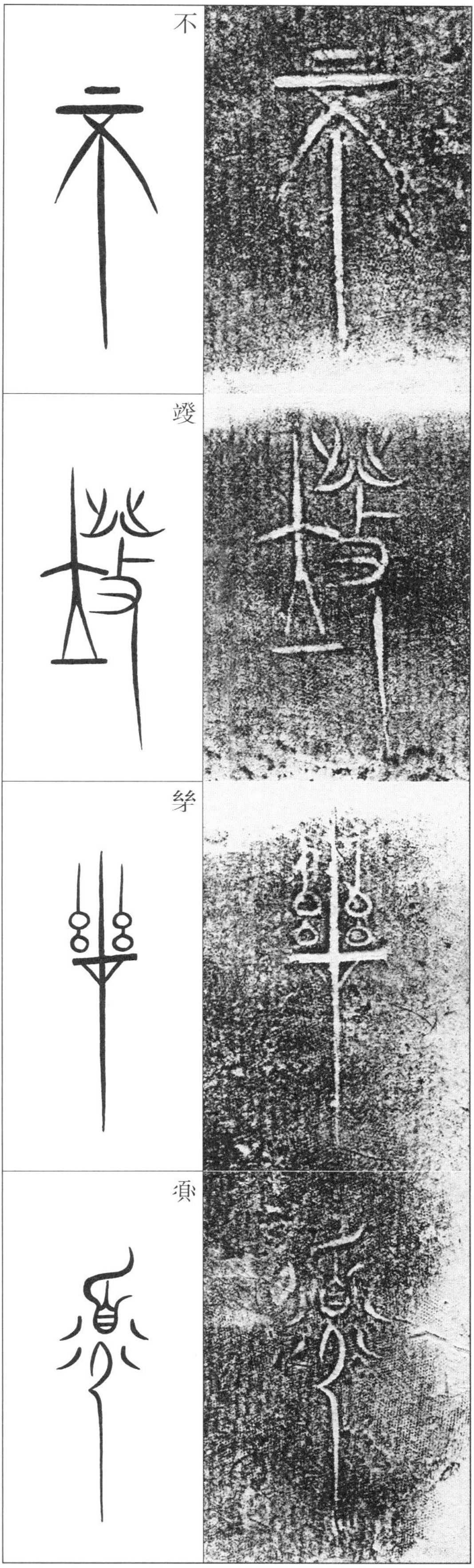

人䎽（聞）之，蒦

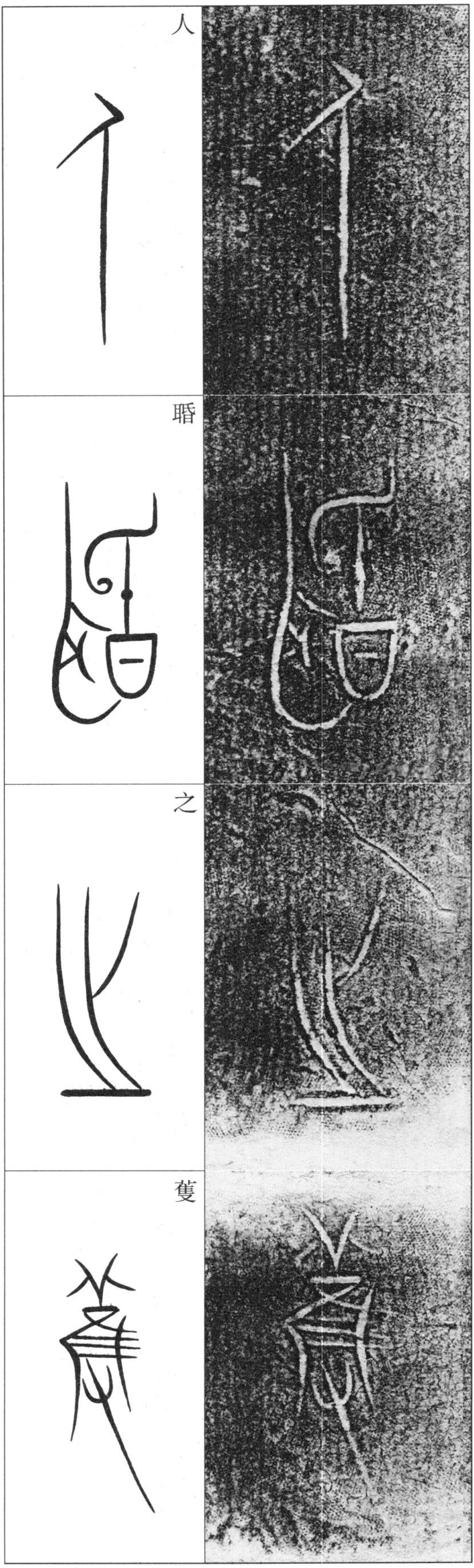

其汋（溺）於人

其

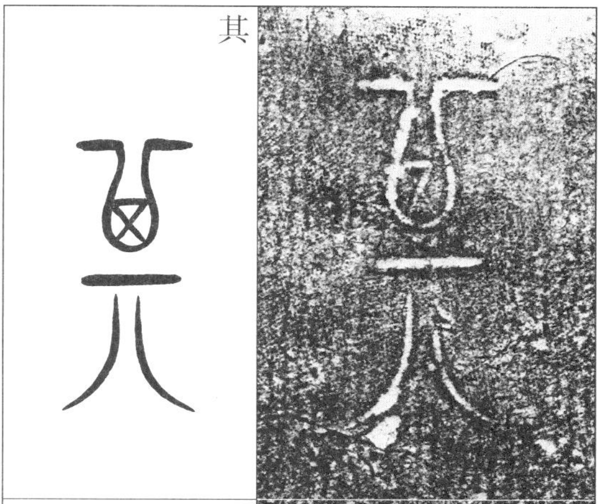

汋

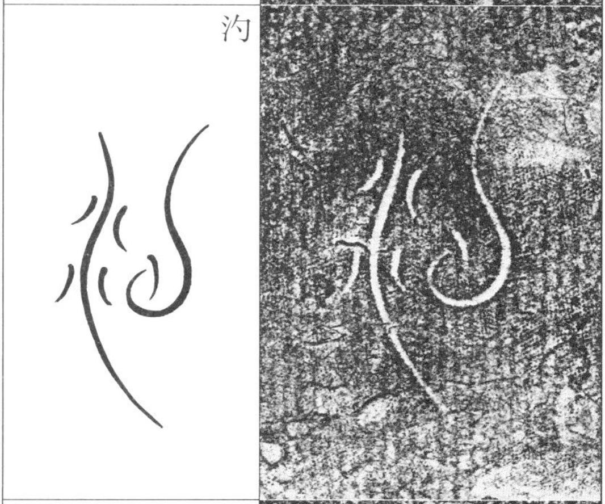

於

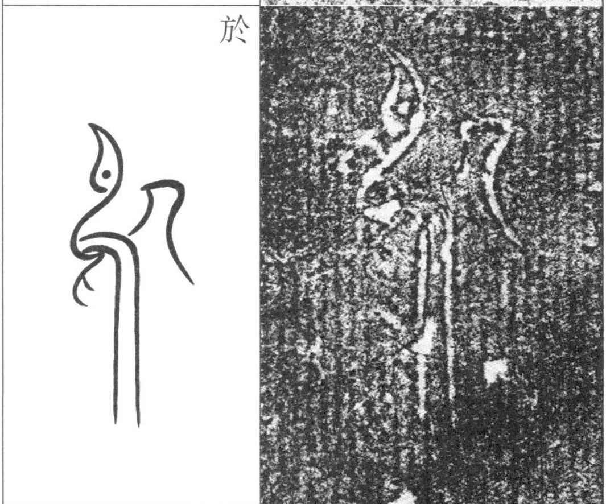

人

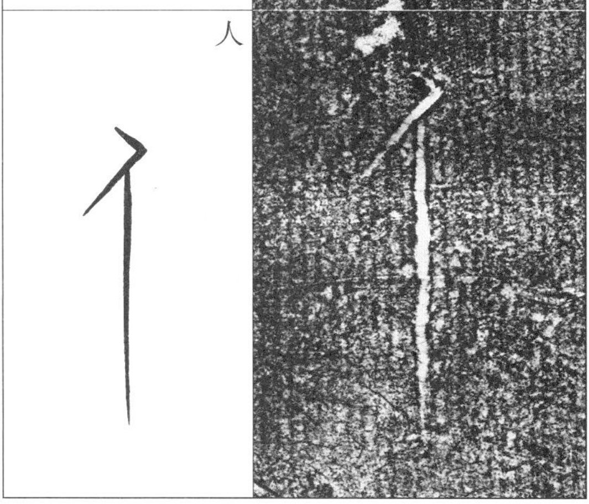

施（也），寧汋（溺）於

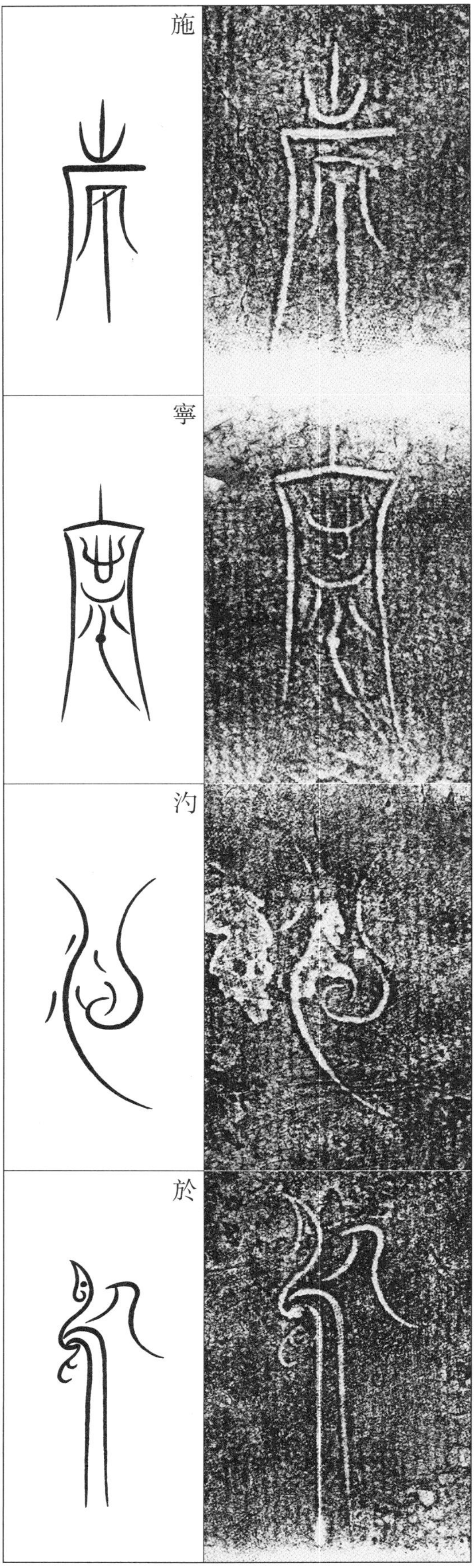

𣶒（淵）。昔者，郾（燕）

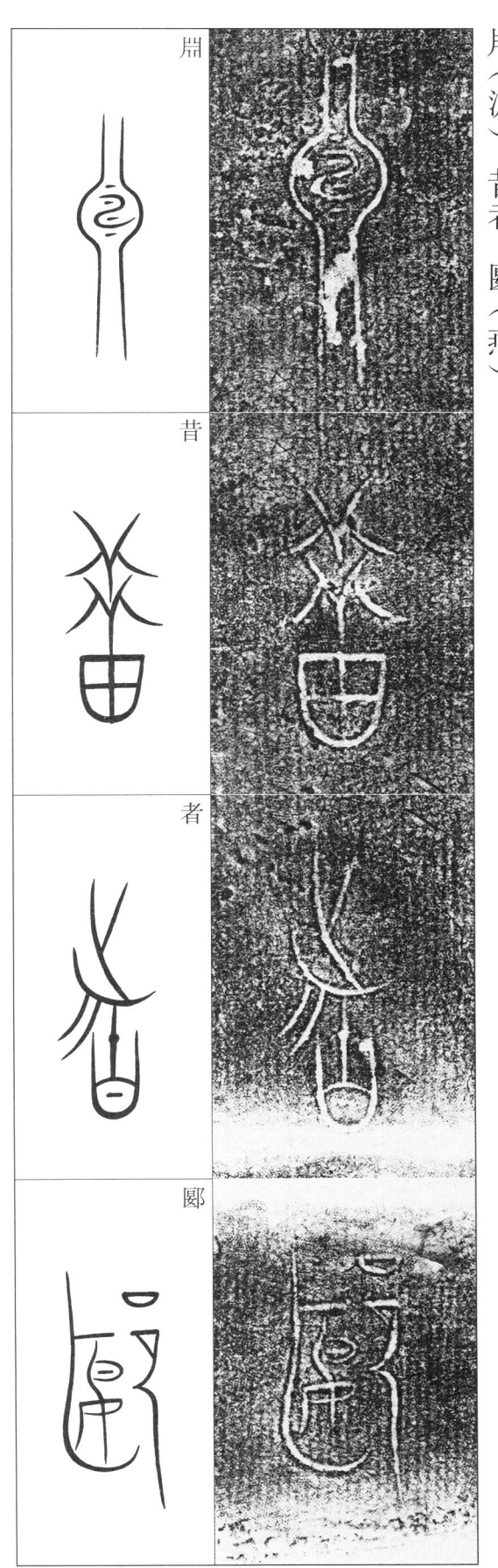

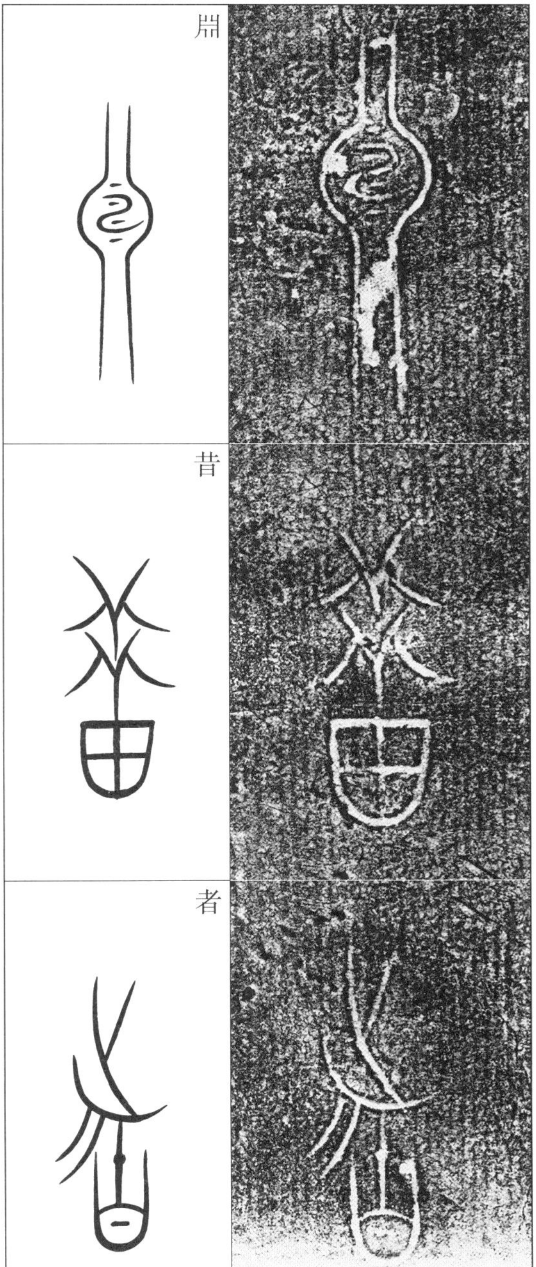

君子儈（噲），觀（叡）

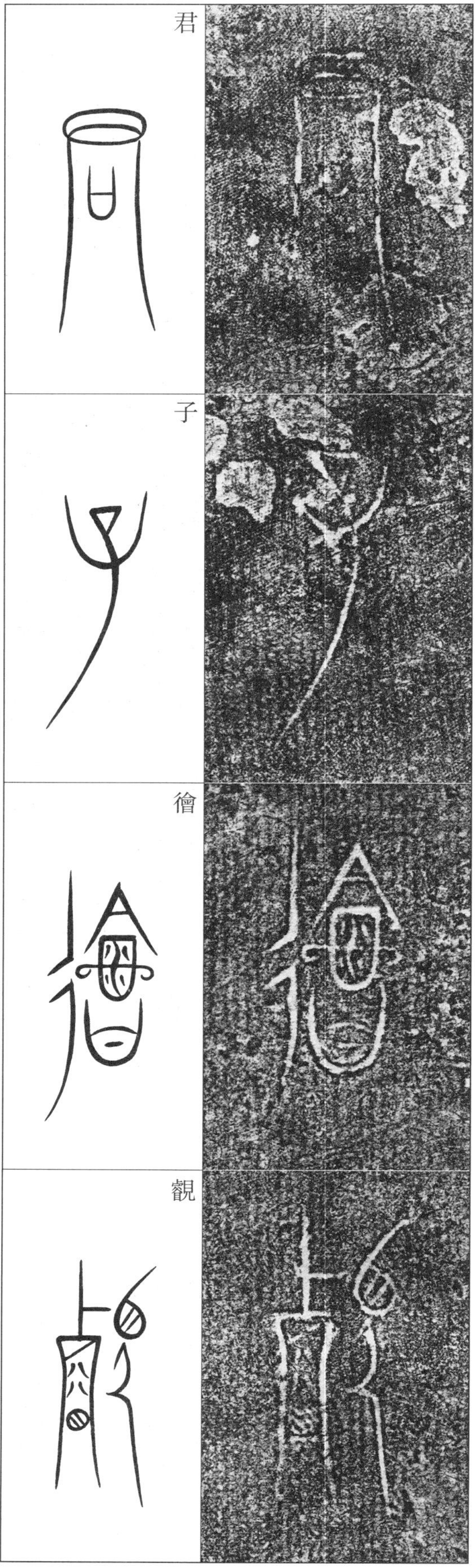

弇夫䝚，䟫（長）

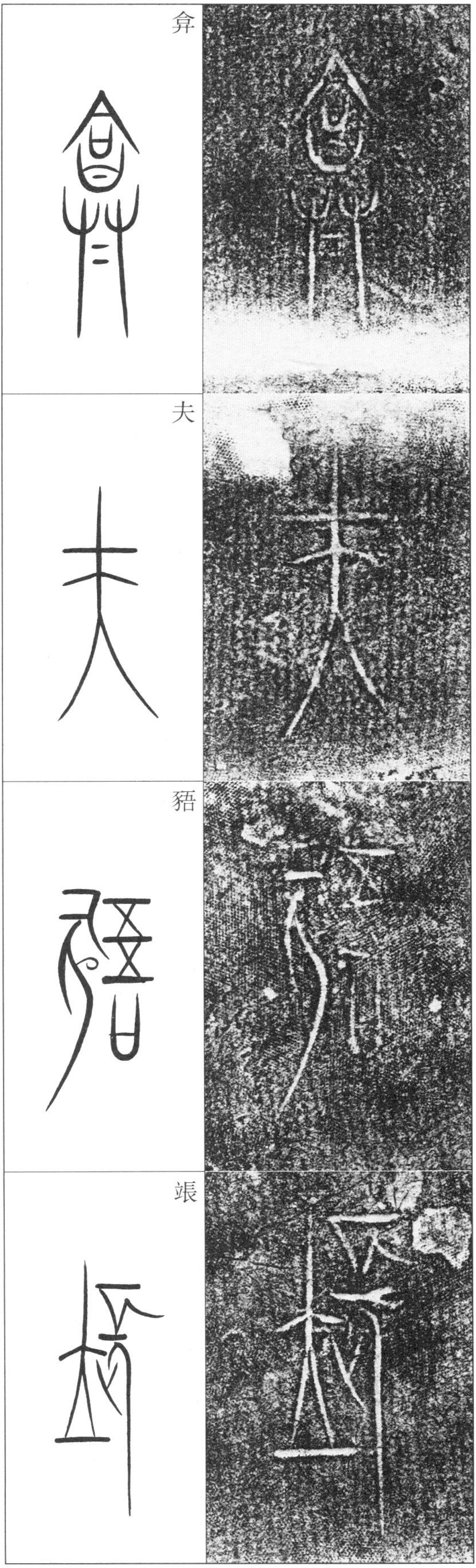

爲人宔（主），閈

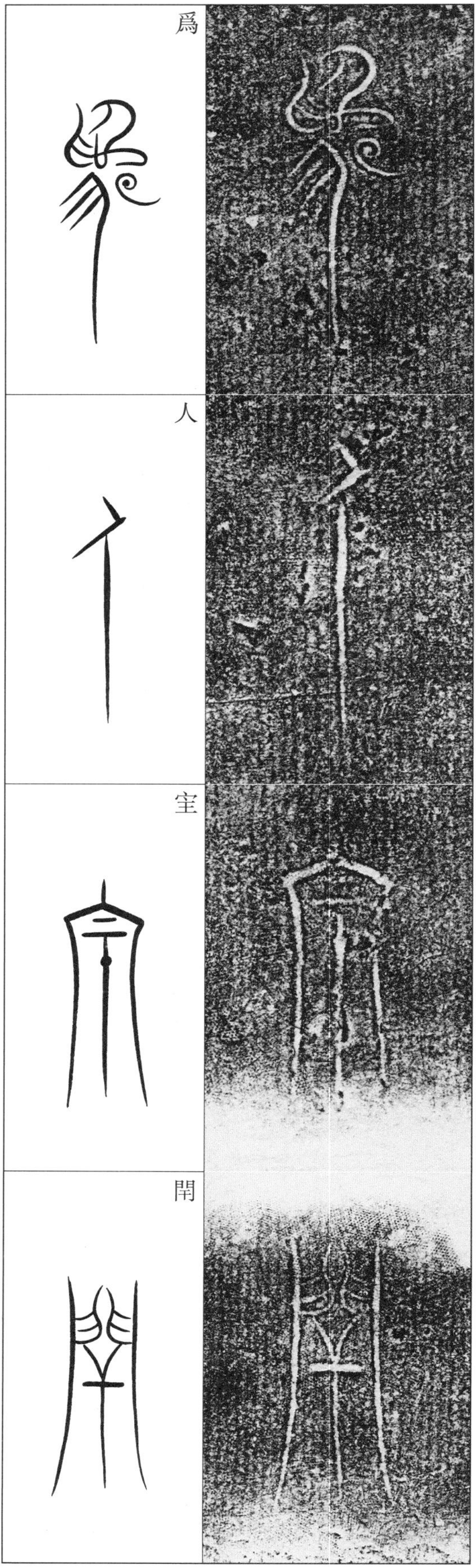

於天下之

於

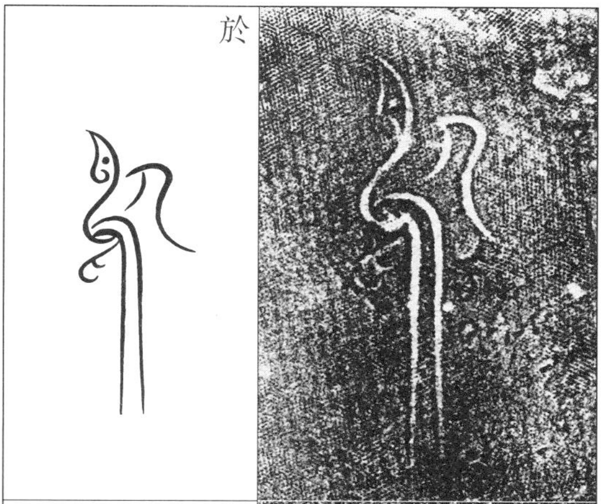

天

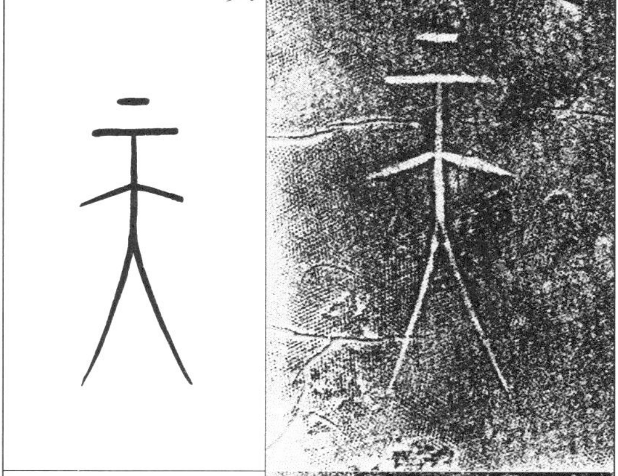

下

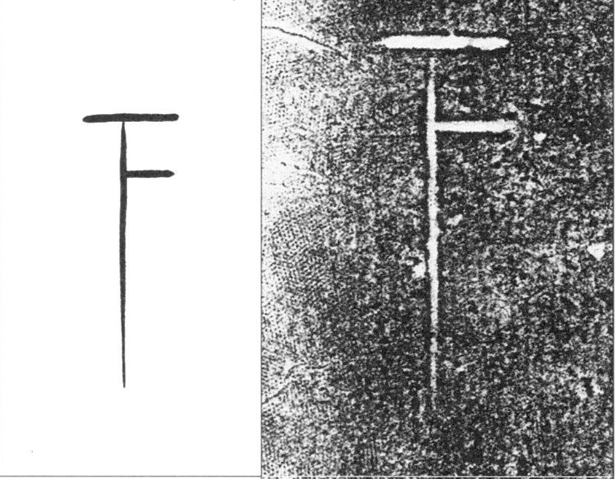

之

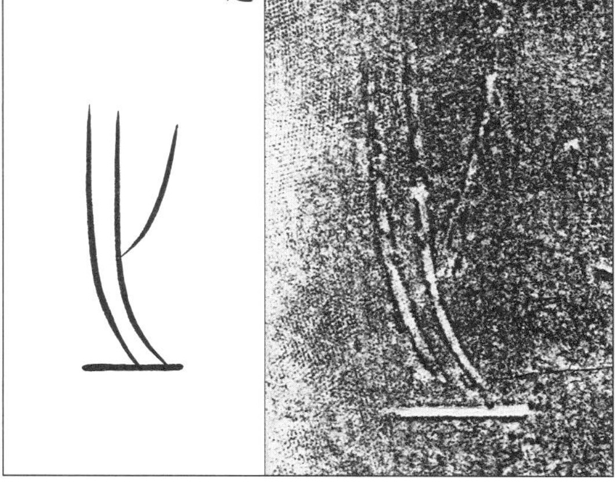

勿矣（疑），猷粠（迷）

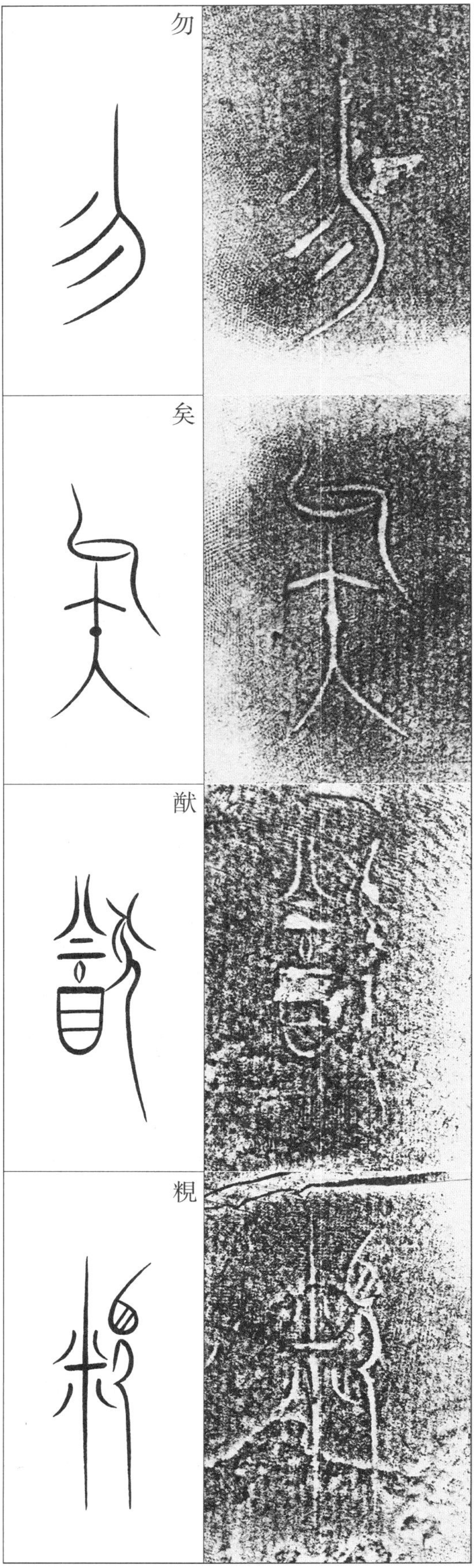

惑於子之，

惑

於

子

之

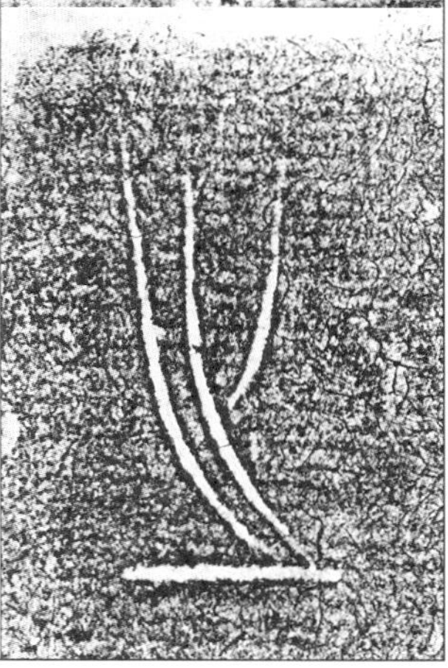

而𨑒（亡）其邦，

而
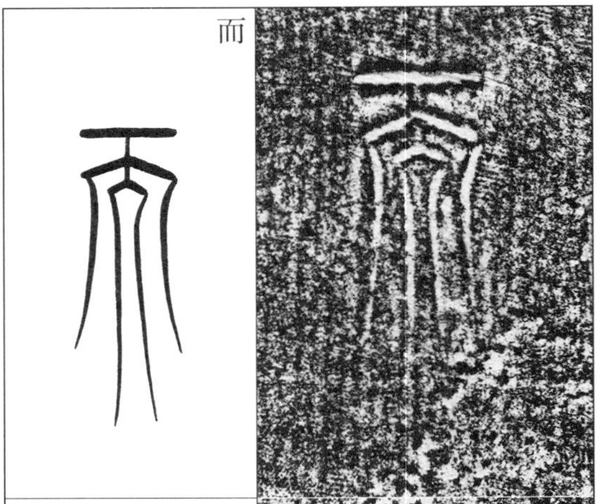

𨑒
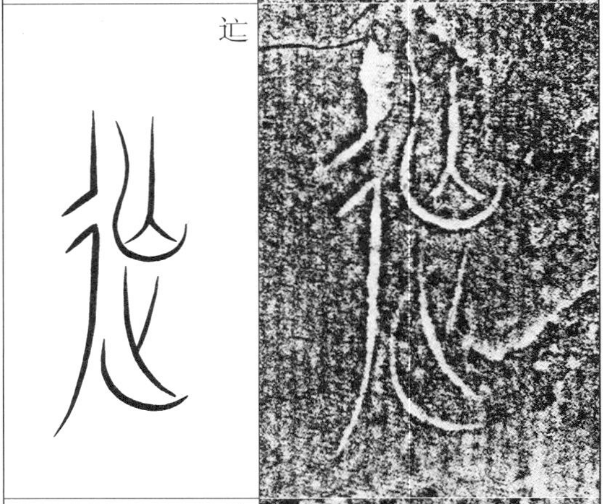

其
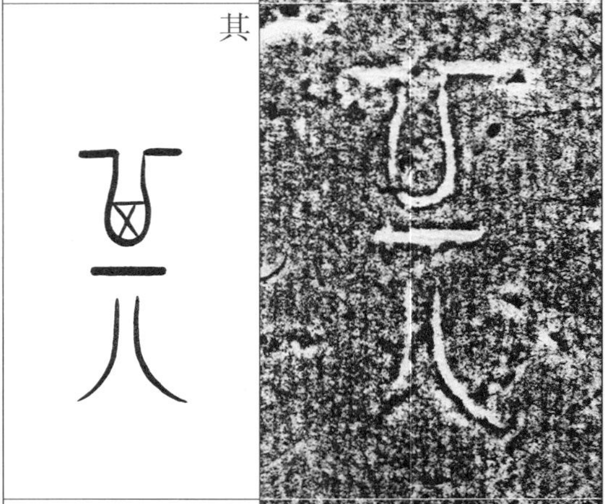

邦
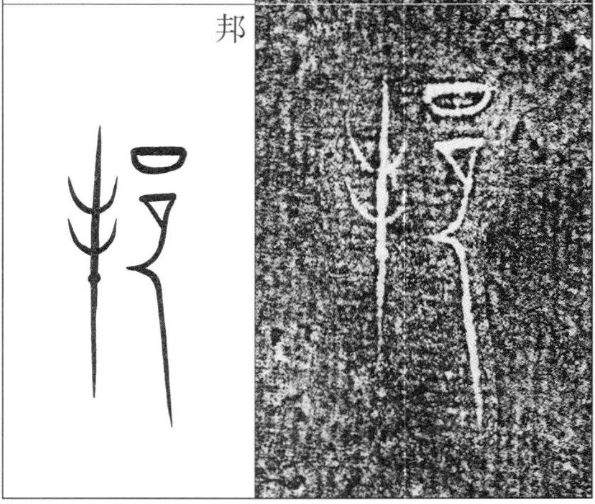

爲天下⿰歹翏（戮），

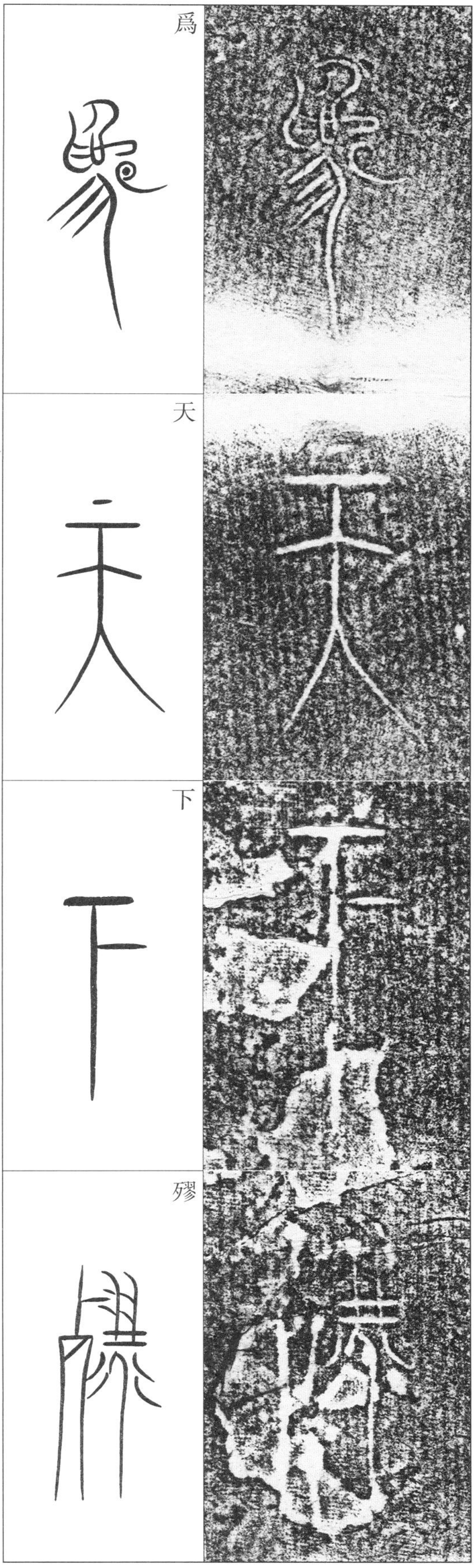

而皇（況）才（在）於

而

皇

才

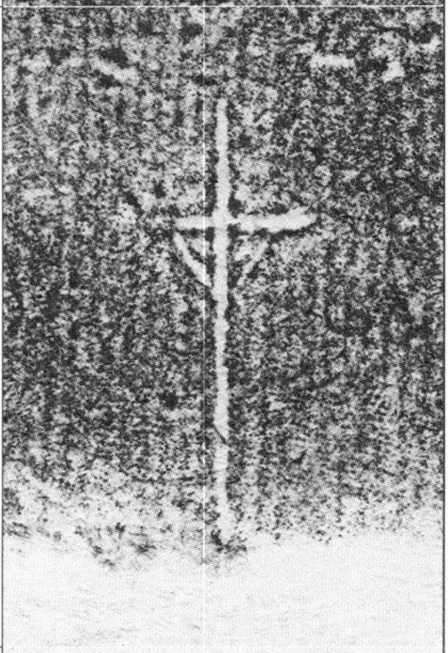

於

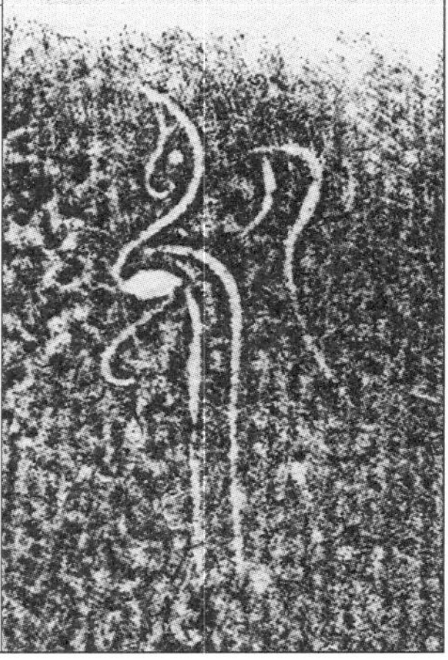

尐（少）君虖（呼）？昔

尐

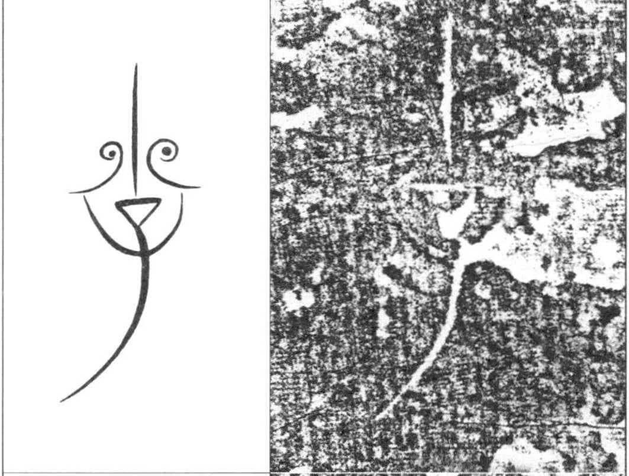

君

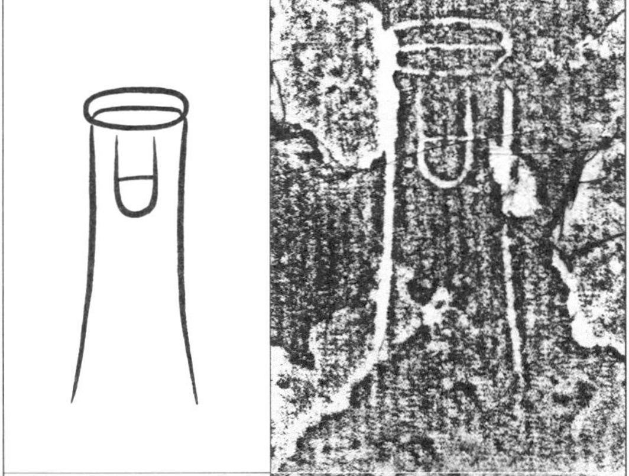

虖

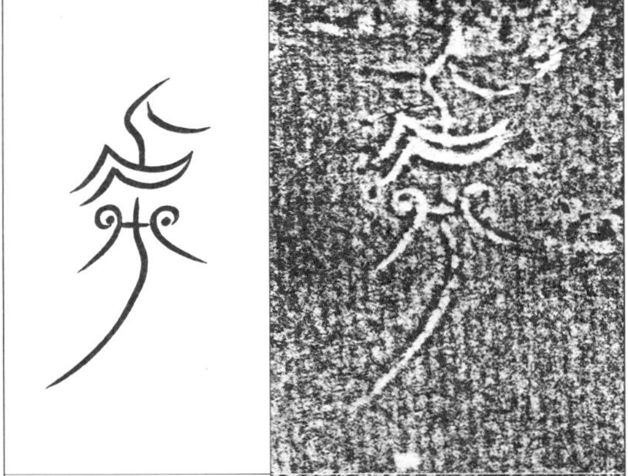

昔

者盧（吾）先考

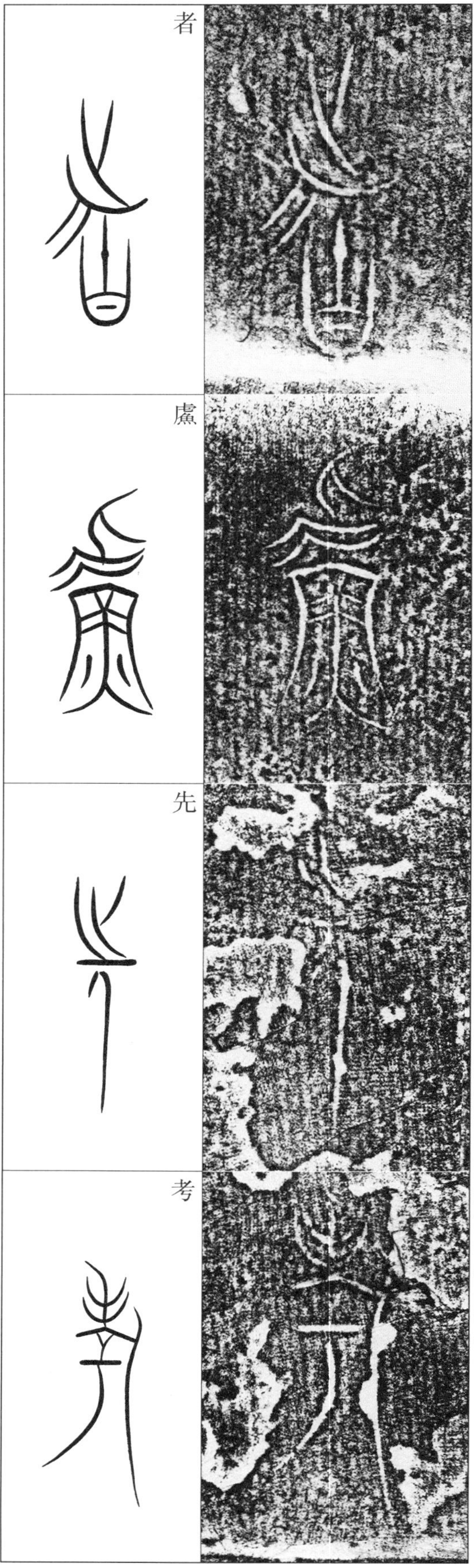

成王，㬰（早）棄

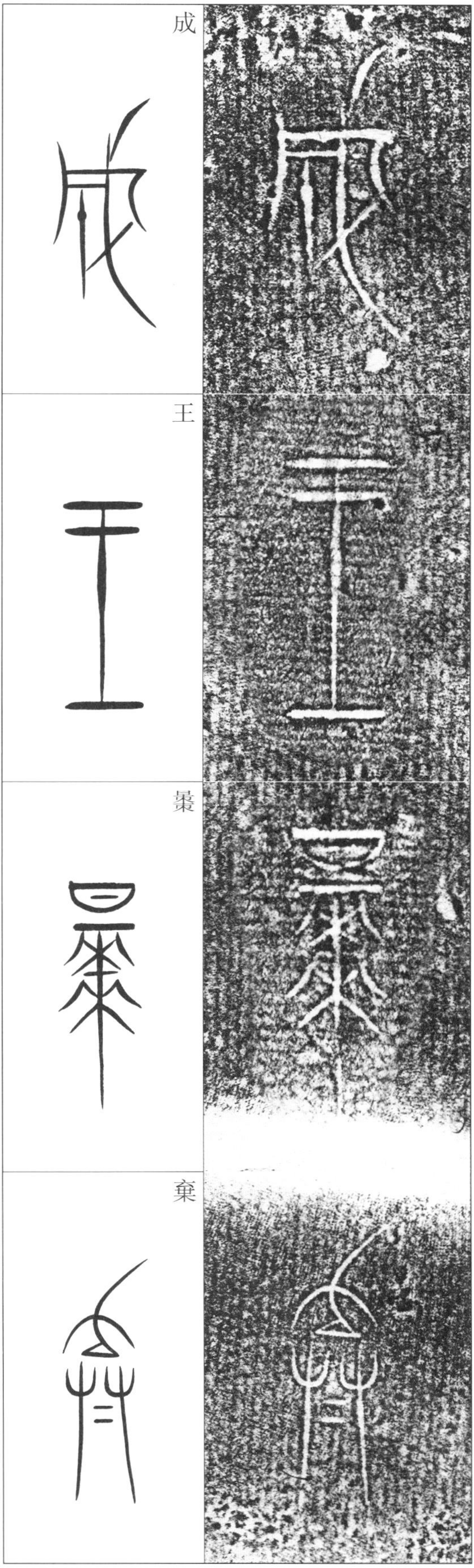

羣臣，頁（寡）人

羣

臣

頁

人

學（幼）潼（童）未甬（通）

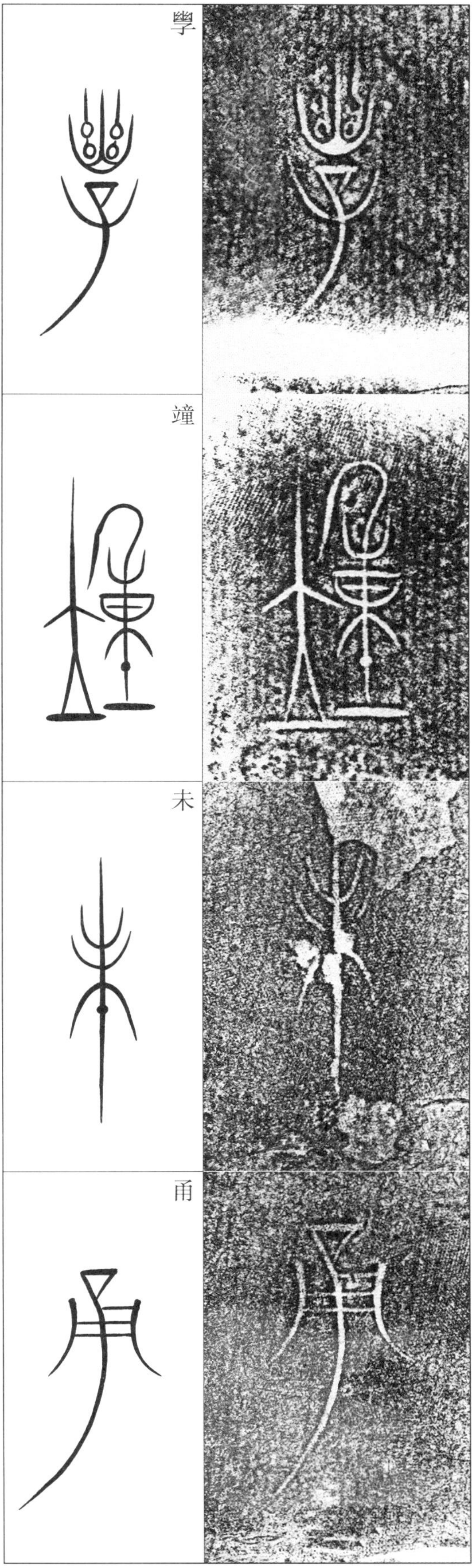

智，隹（惟）俌（傅）侮（姆）

智

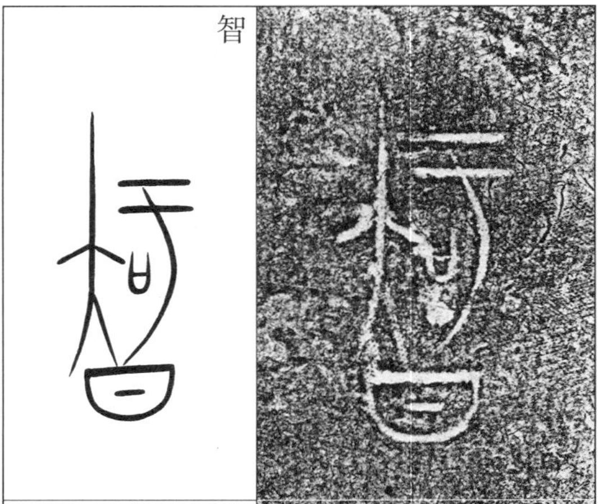

隹

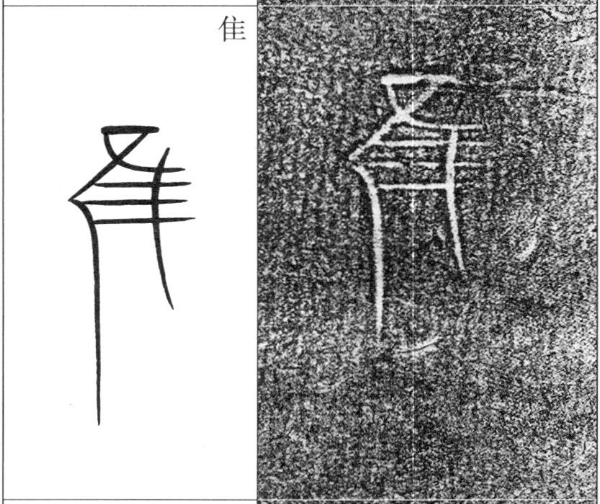

俌

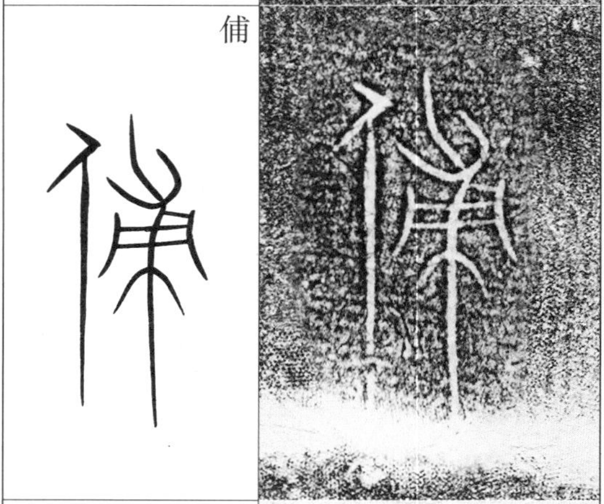

侮

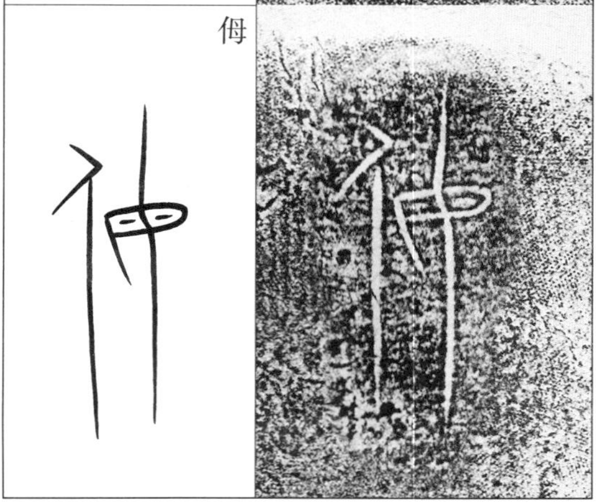

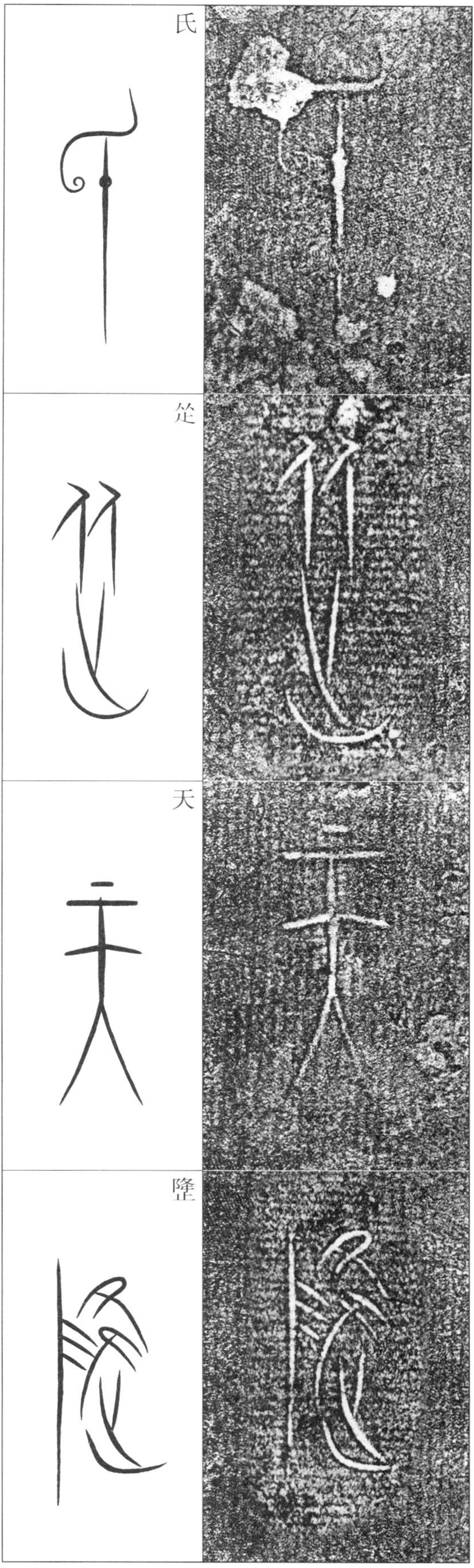

氏（是）辵（從）。天陞（降）

休命于朕

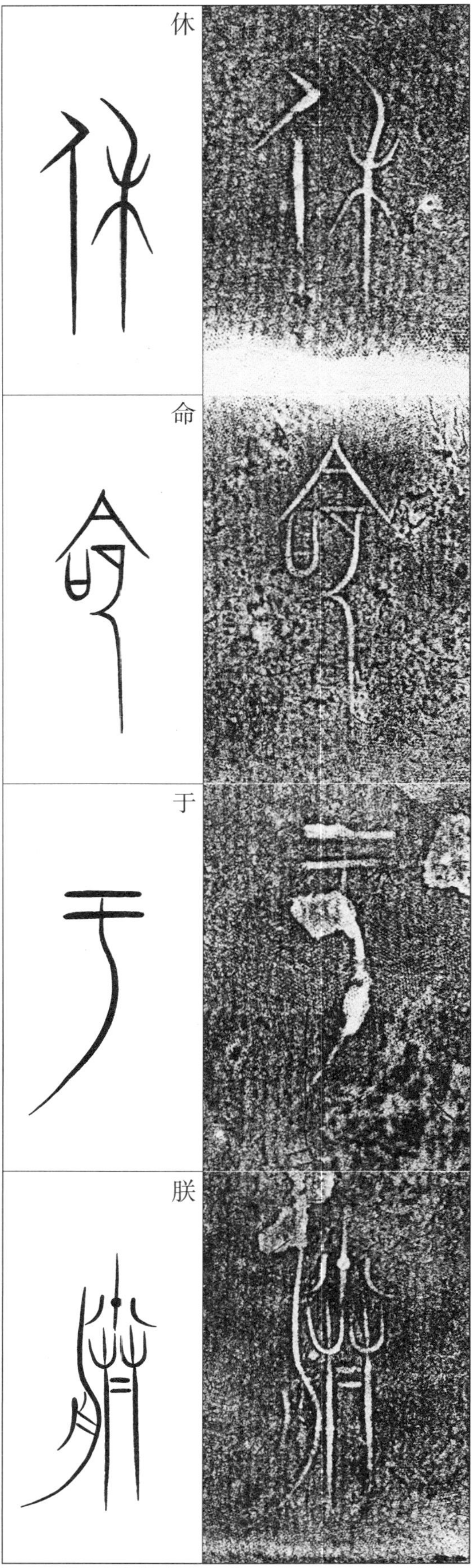

邦，又（有）氒（厥）忠

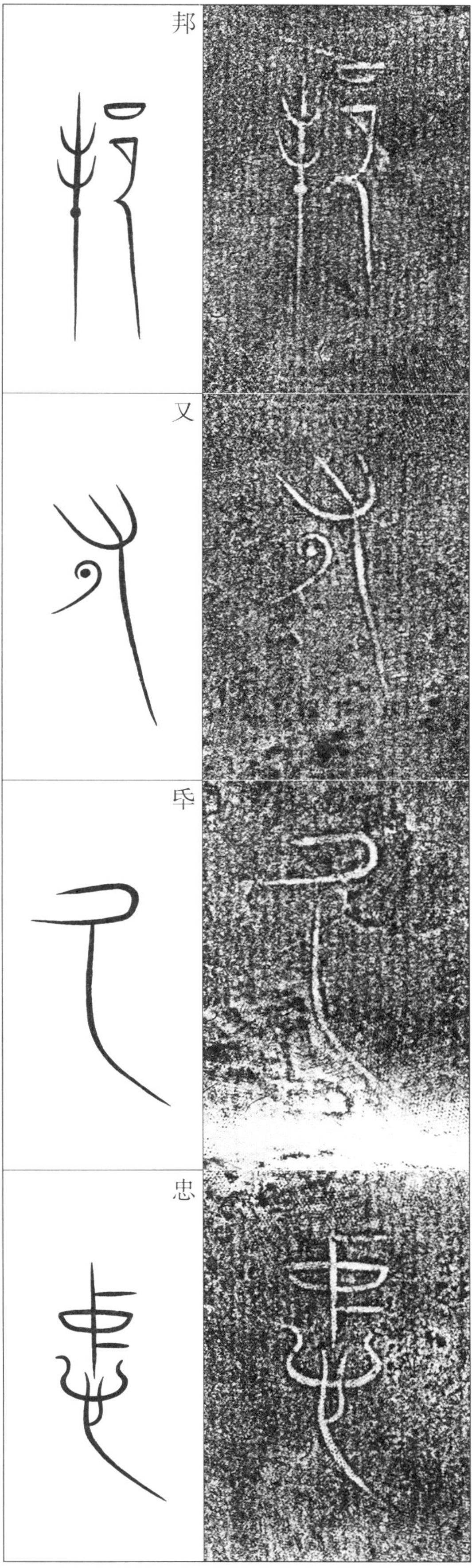

臣賈，克巛（順）

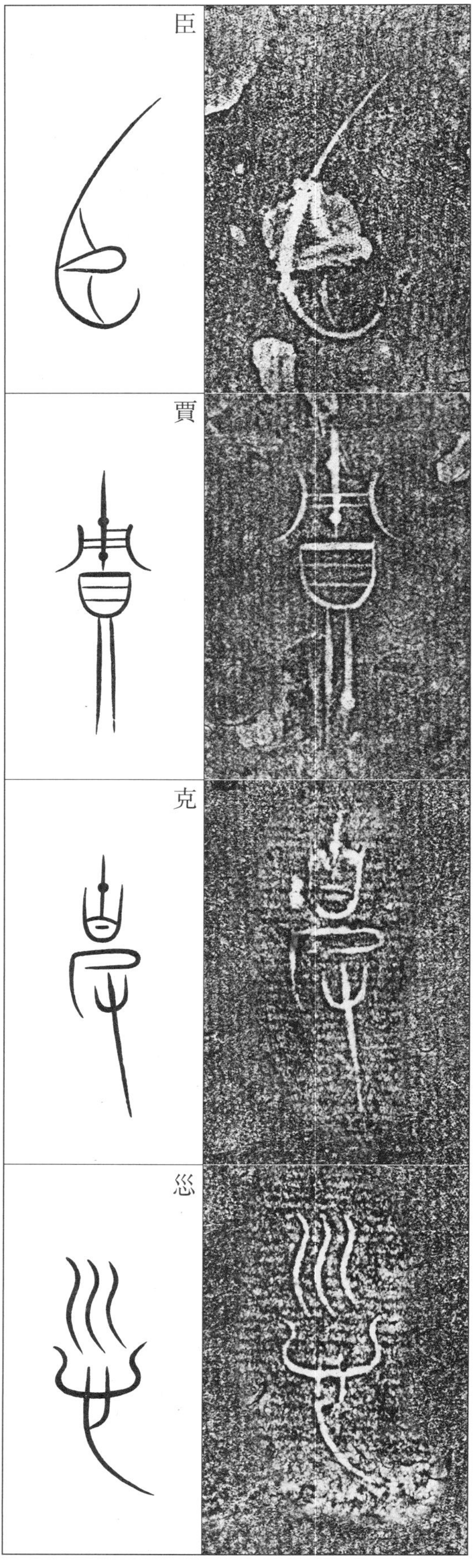

克卑（俾），亡（無）不

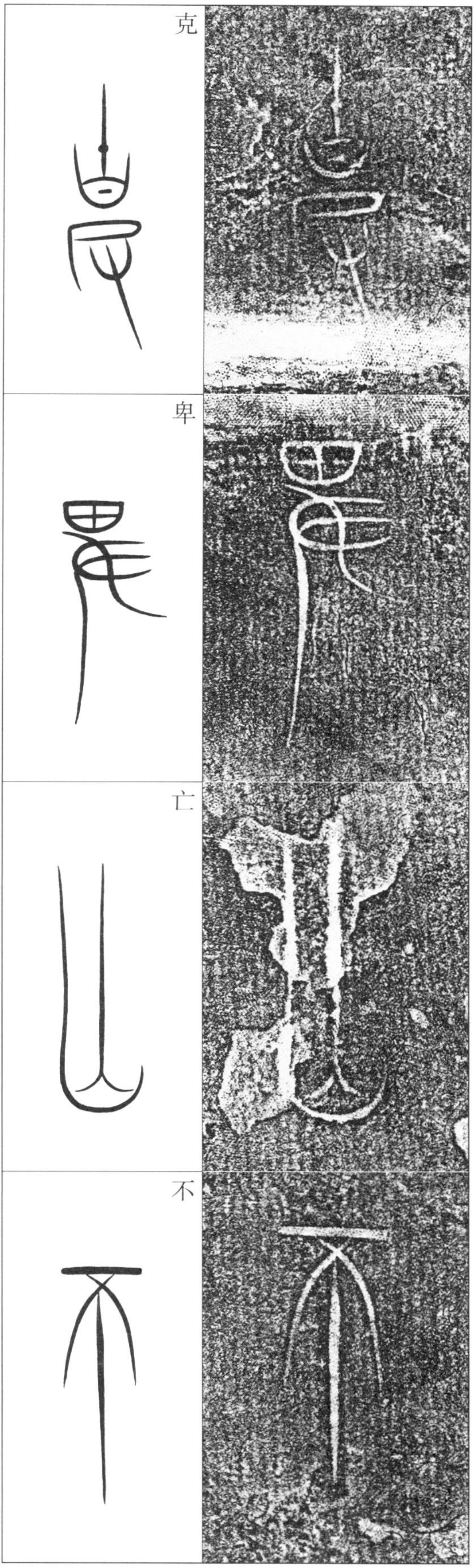

逹（率）仁。敬巛（順）

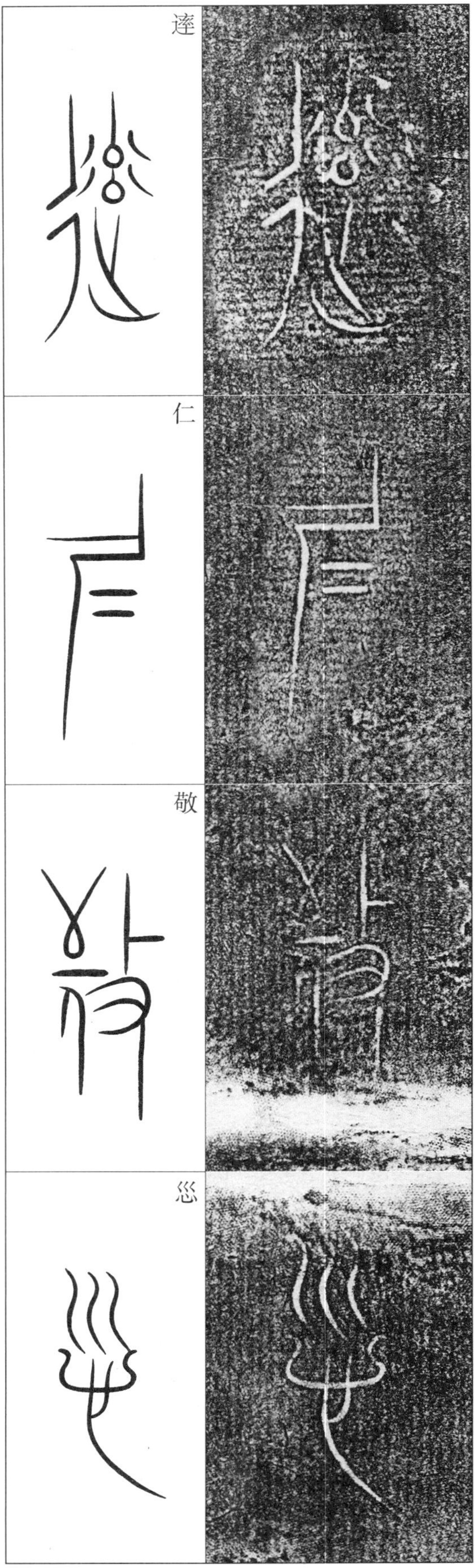

天惪（德），㠯（以）⿰犭差（左）

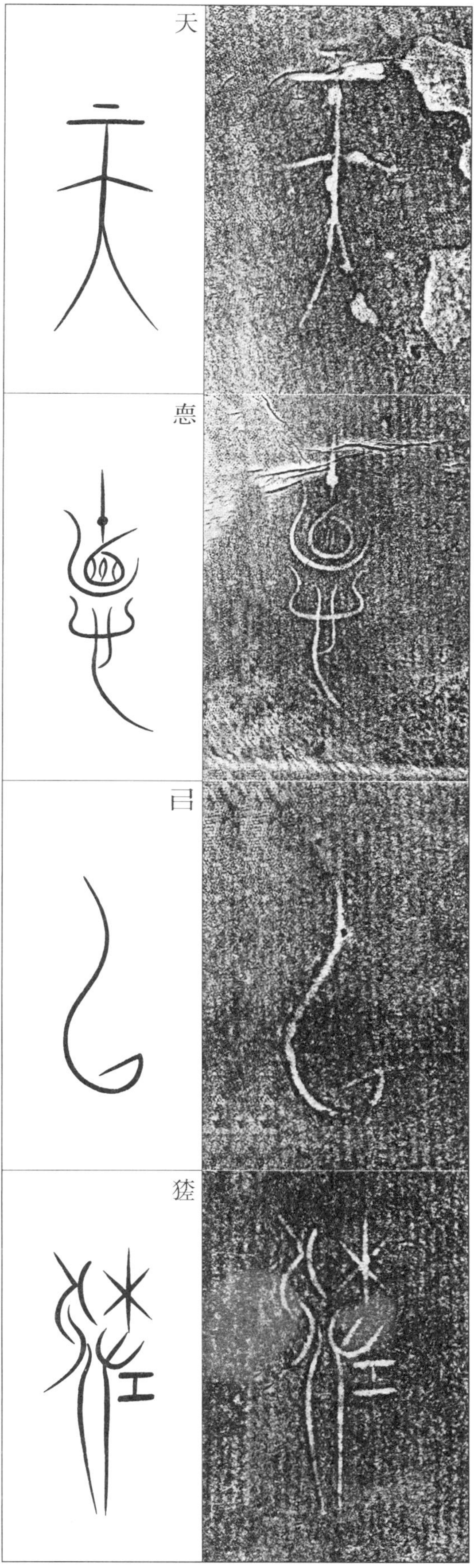

右須（寡）人，速（使）

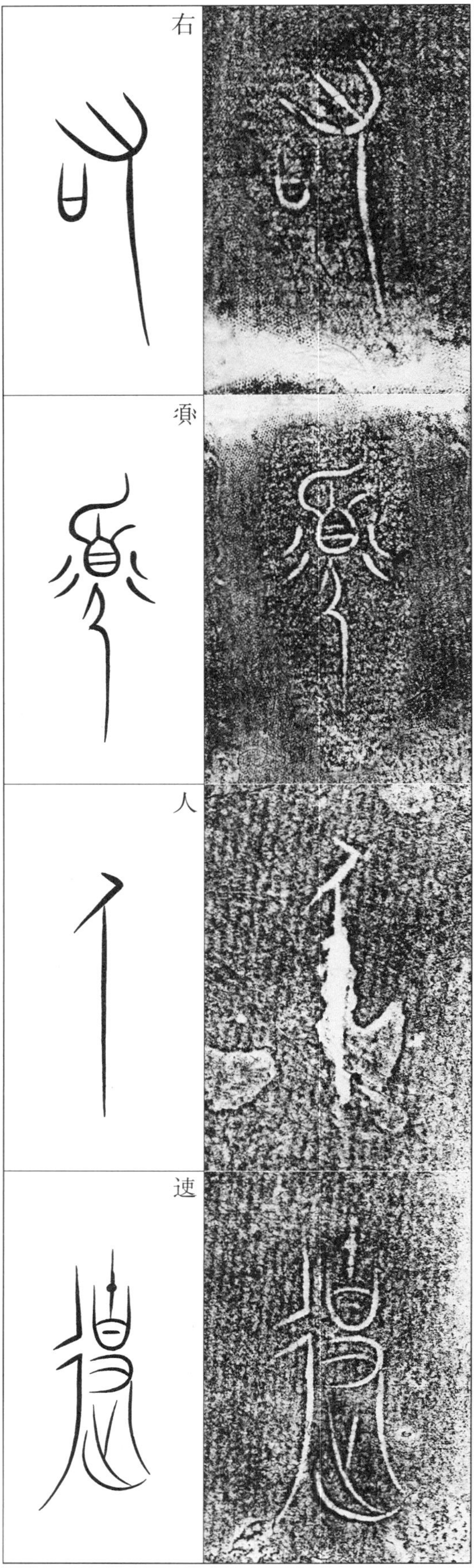

智（知）𥙊（社）禝（稷）之

智

𥙊

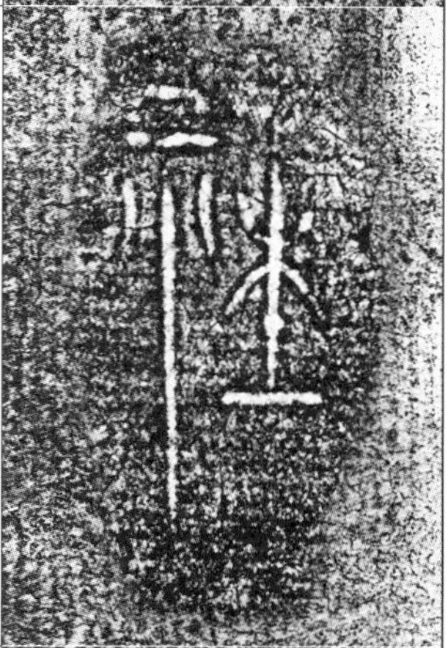

禝

之

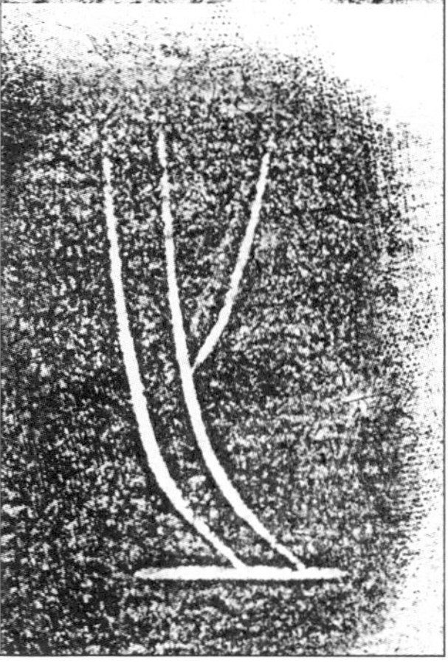

賃（任），臣宔（主）之

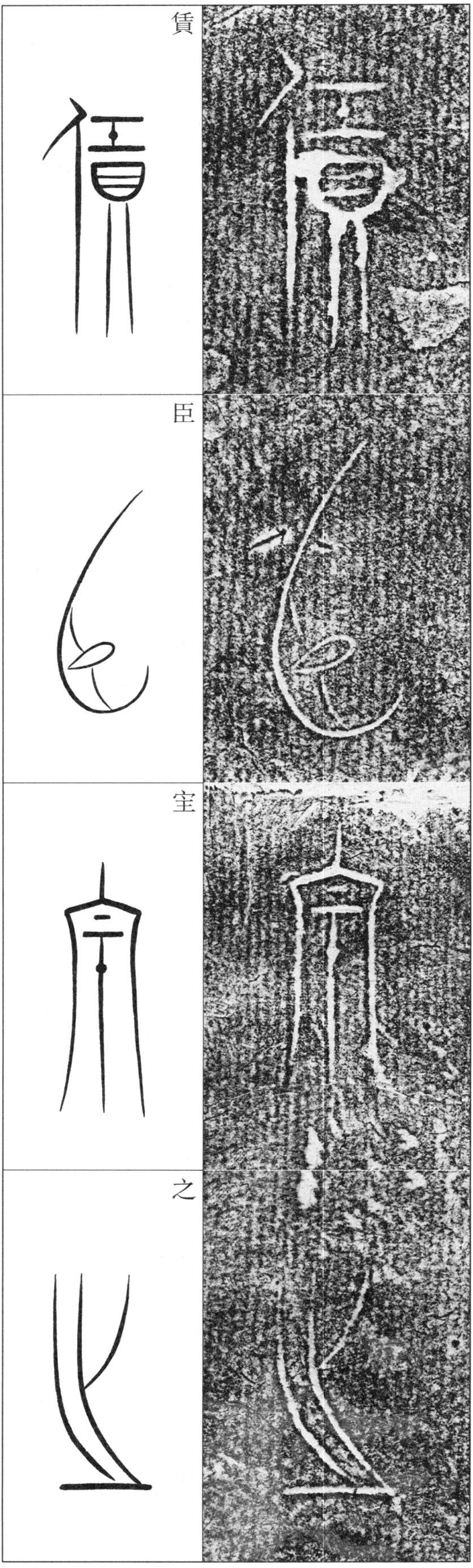

宜（義），夙夜不

宜

夙

夜

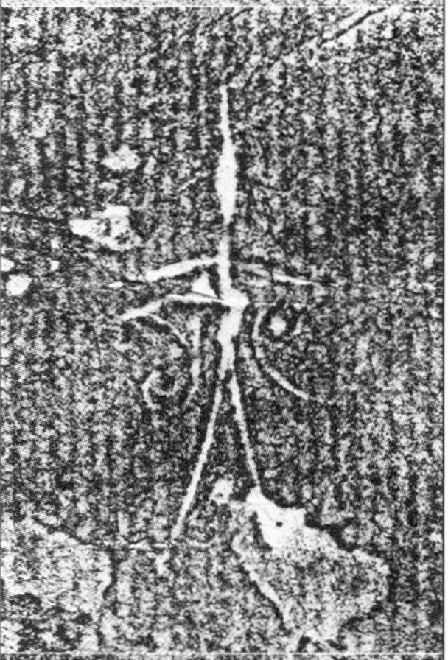

不

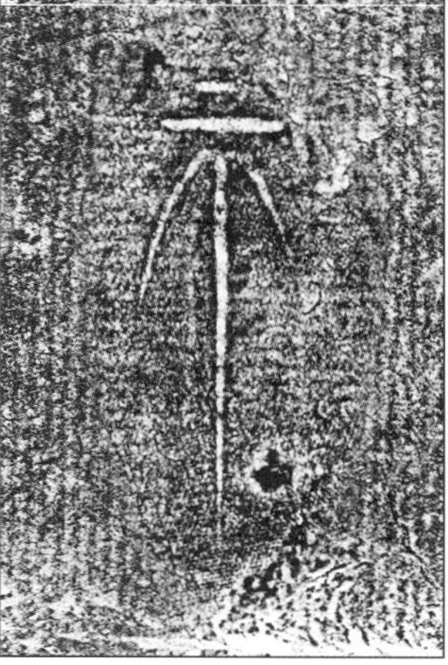

解（懈），㠯（以）譱（善）道（導）

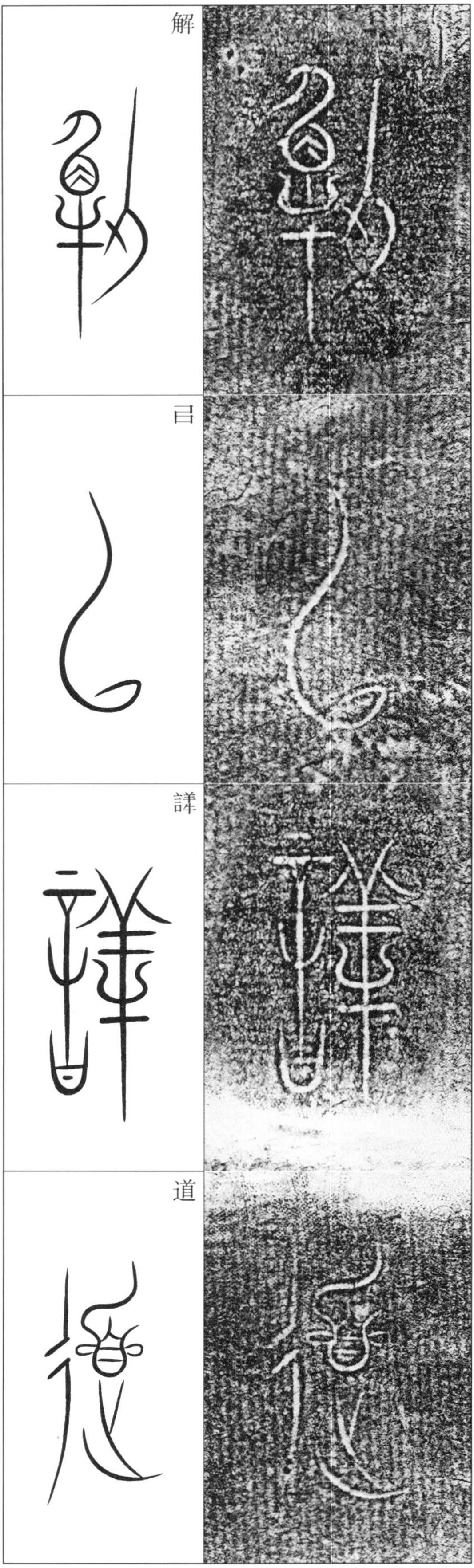

寡（寡）人。含（今）舍（余）

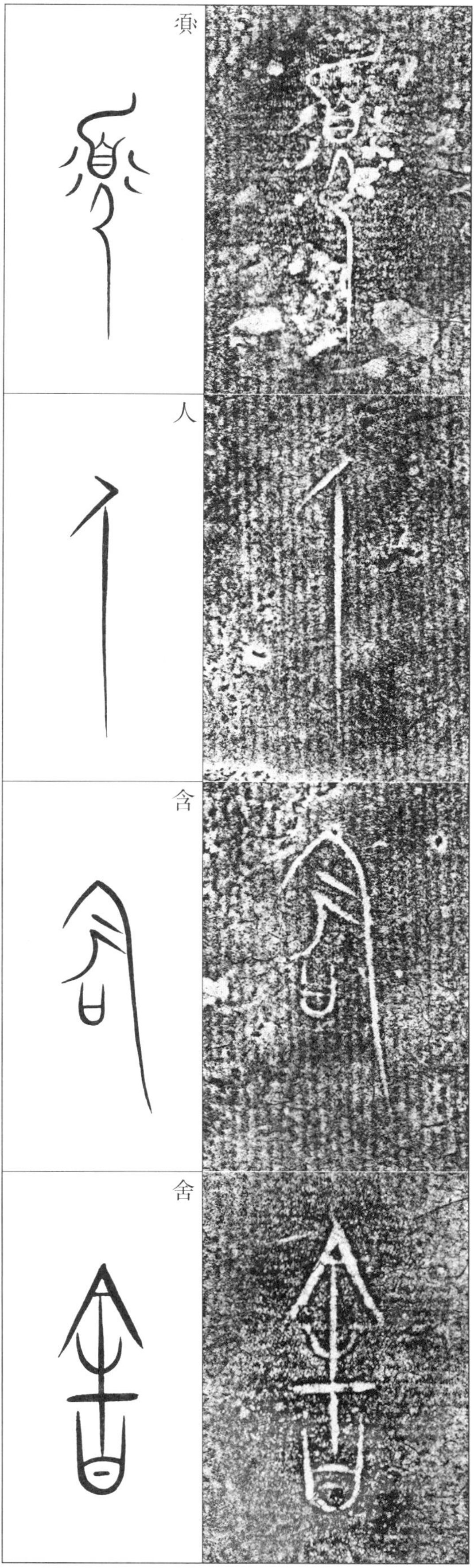

方壯，智（知）天

方

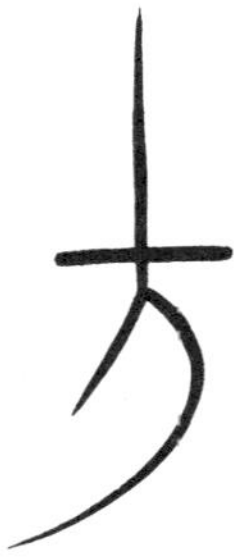

壯

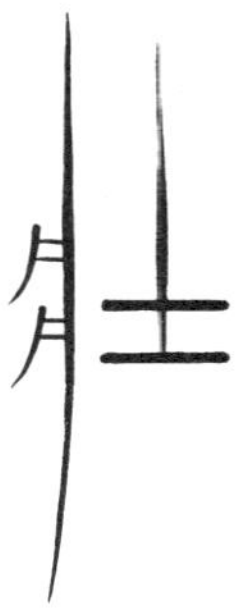

智

天

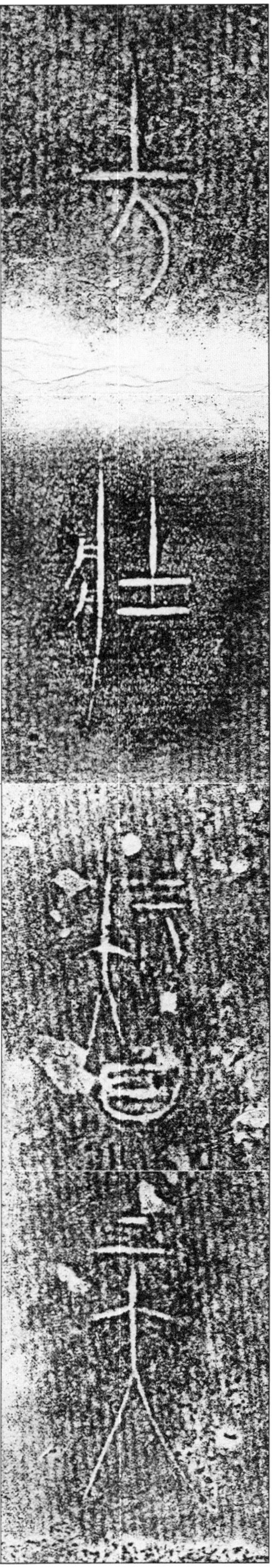

若否，侖（論）其

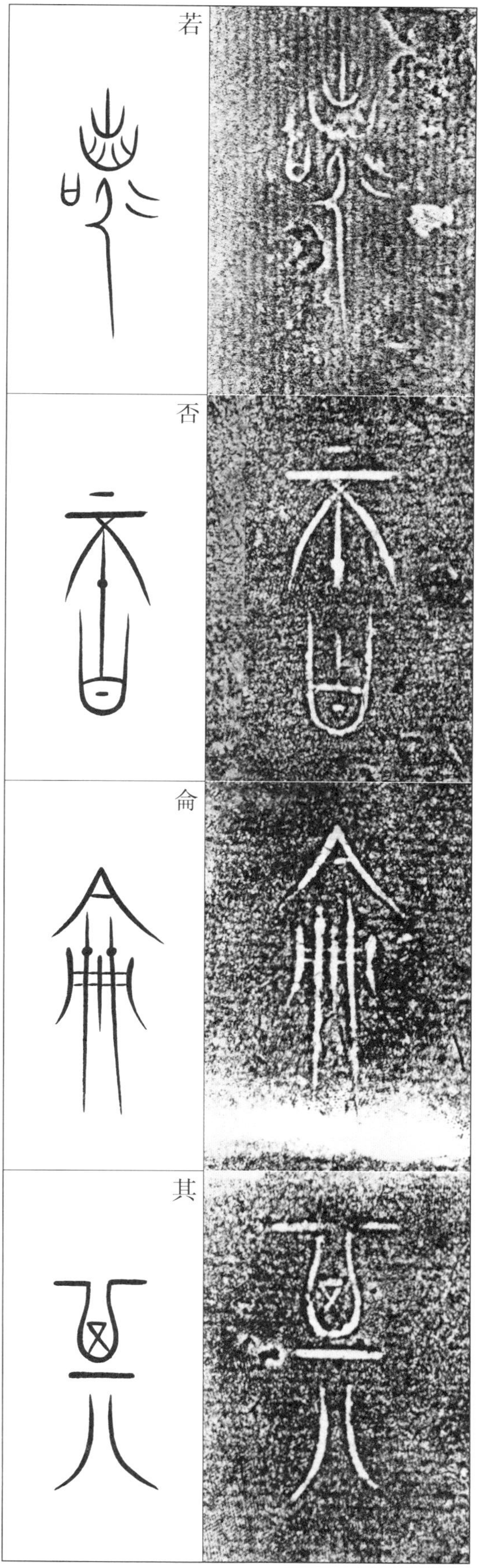

悳（德），眚（省）其行，

悳

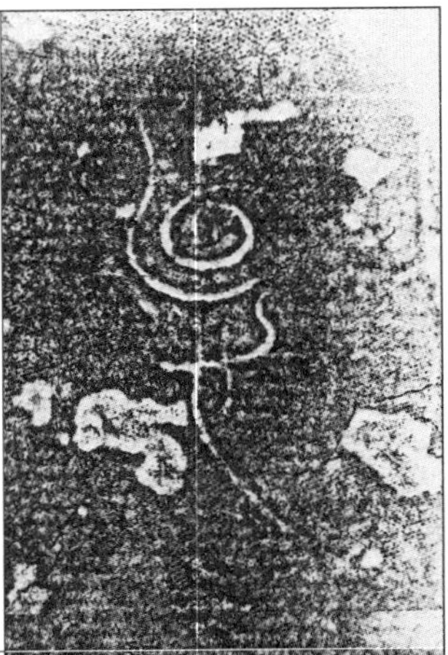

眚

其

行

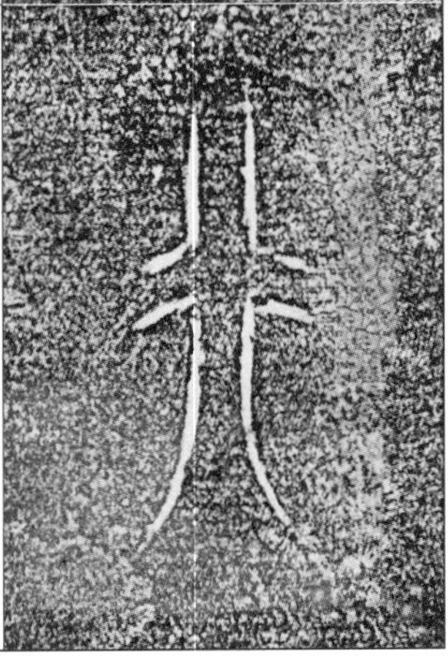

亡（無）不巡（順）道，

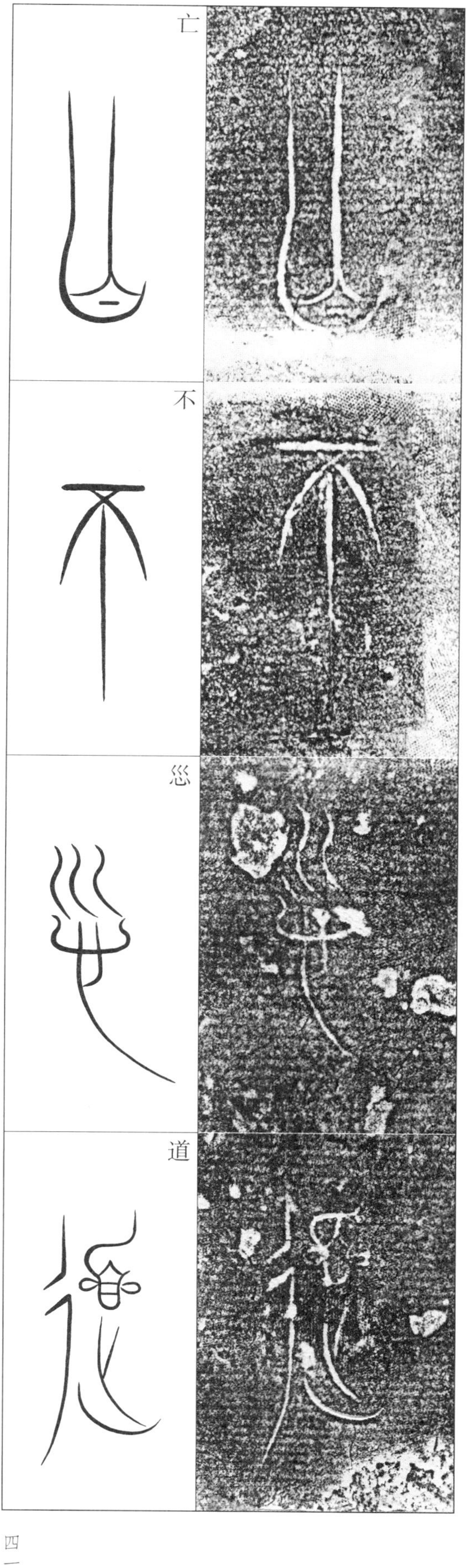

考尾（宅）隹（惟）型。

考

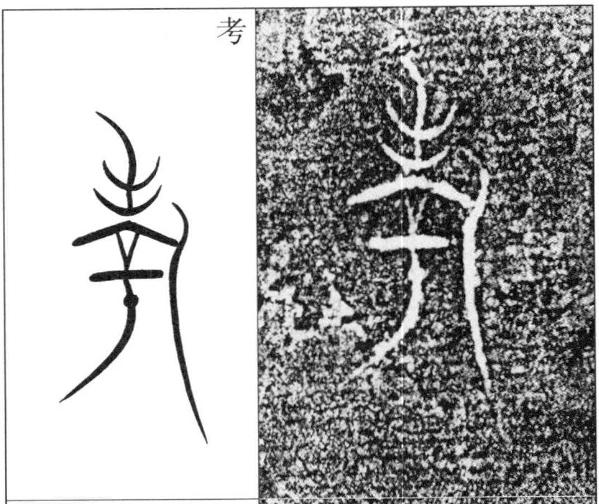

尾

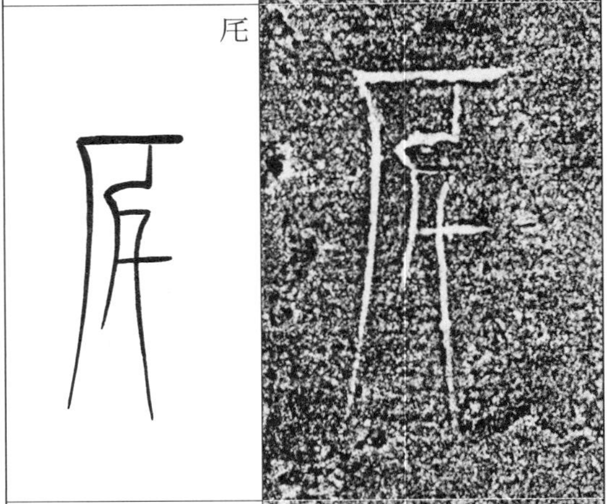

隹

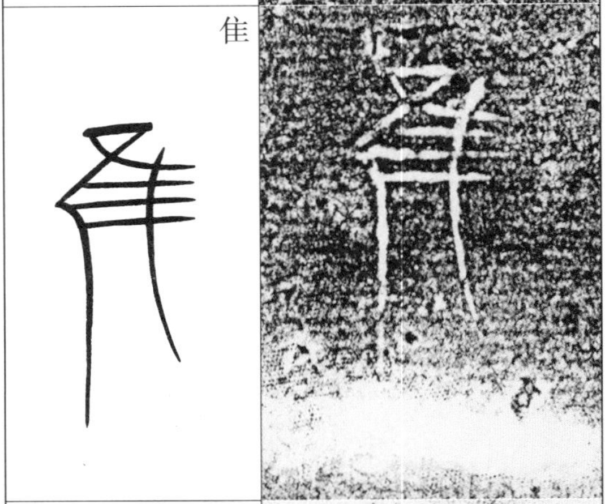

型

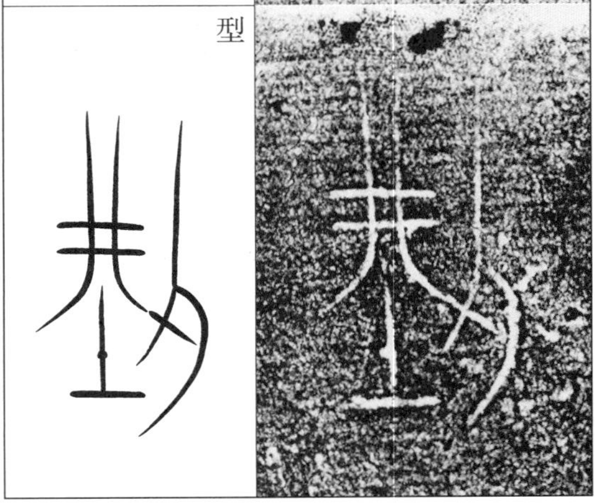

於（嗚）虖（呼），𥝩（慎）㛗（哉）！

於

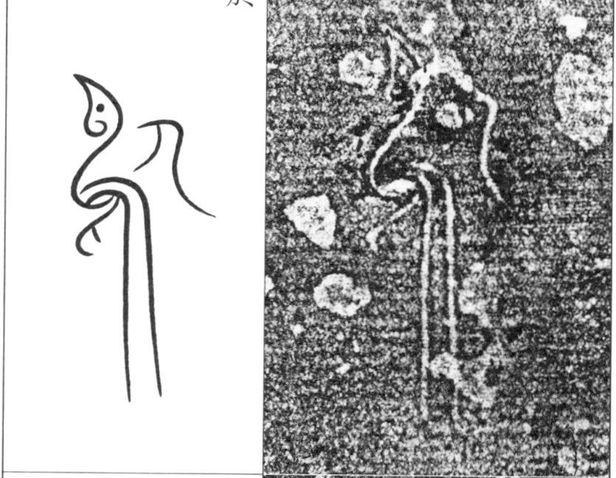

虖

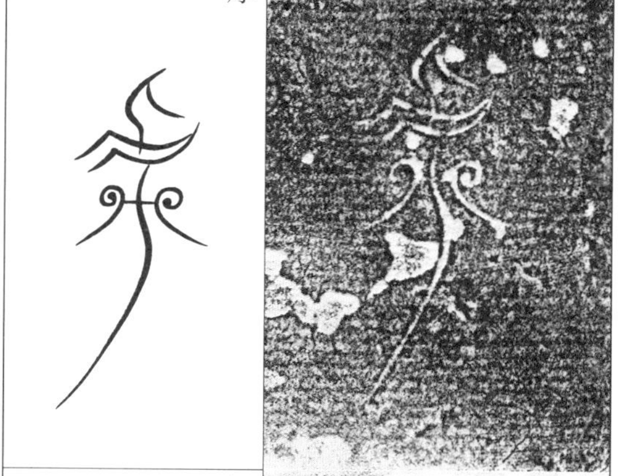

𥝩

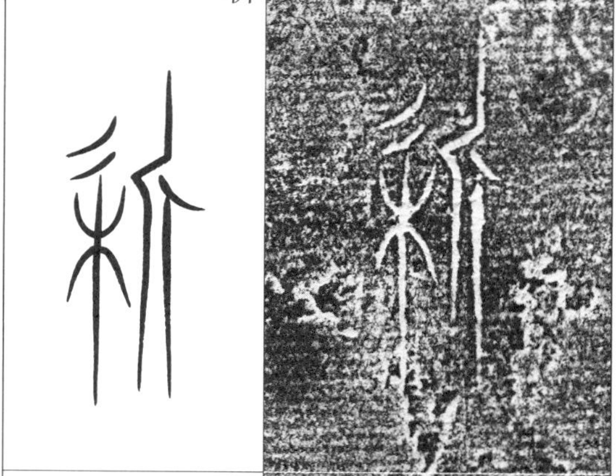

㛗

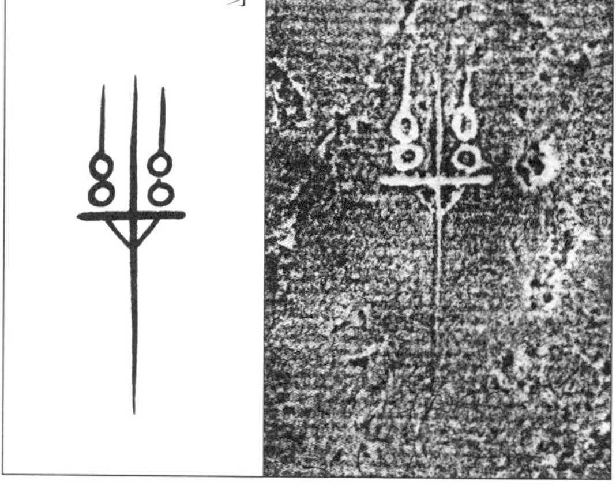

袿（社）禝（稷）其庶

袿

禝

其

庶

虖（呼）！氒（厥）業才（在）

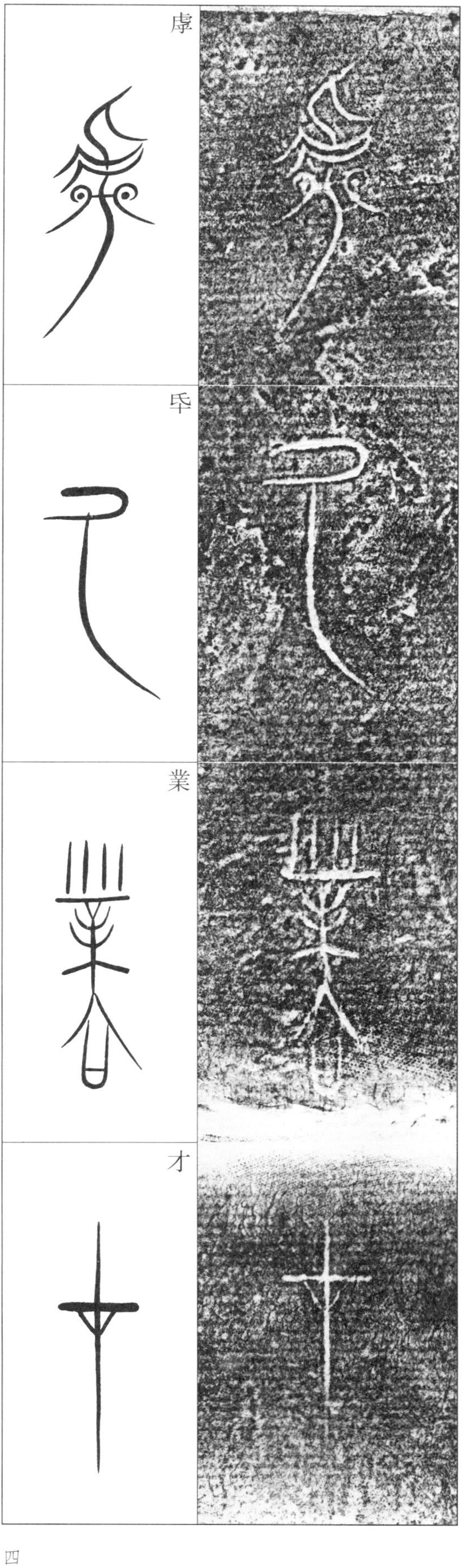

祇。頁（寡）人昏（聞）

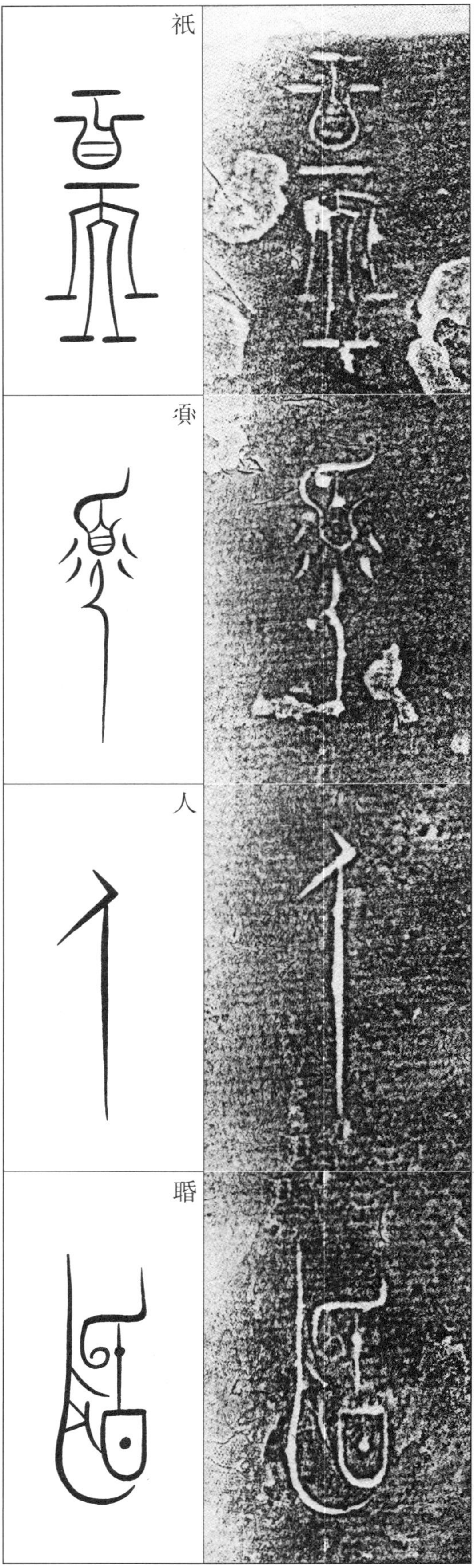

之，事尐（少）女（如）

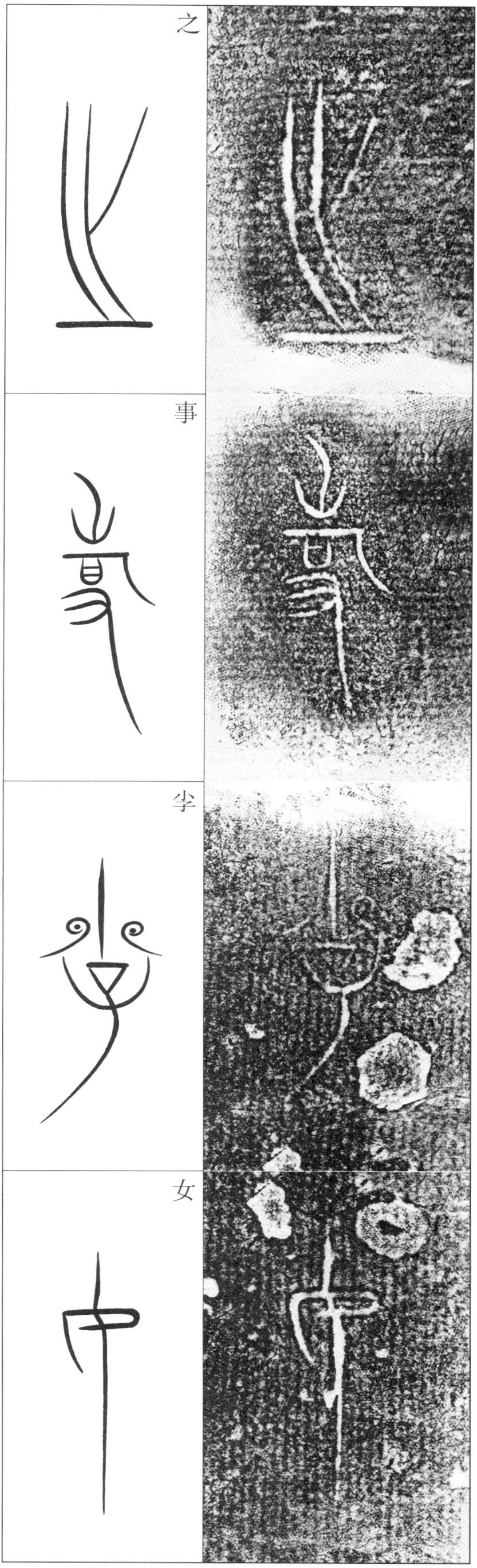

⿰立長（長），事愚女（如）

⿰立長

事

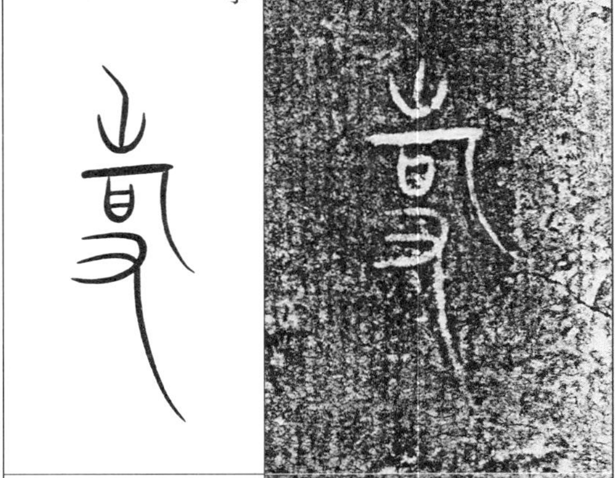

愚

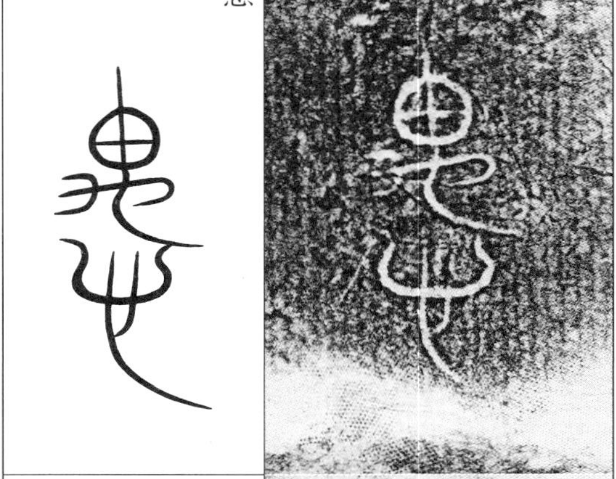

女

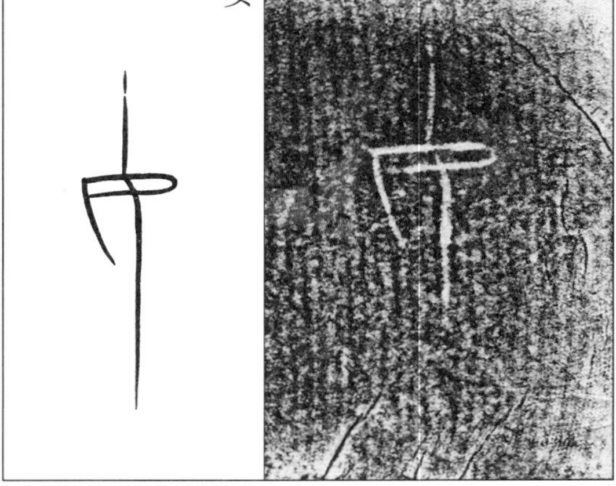

智，此易言

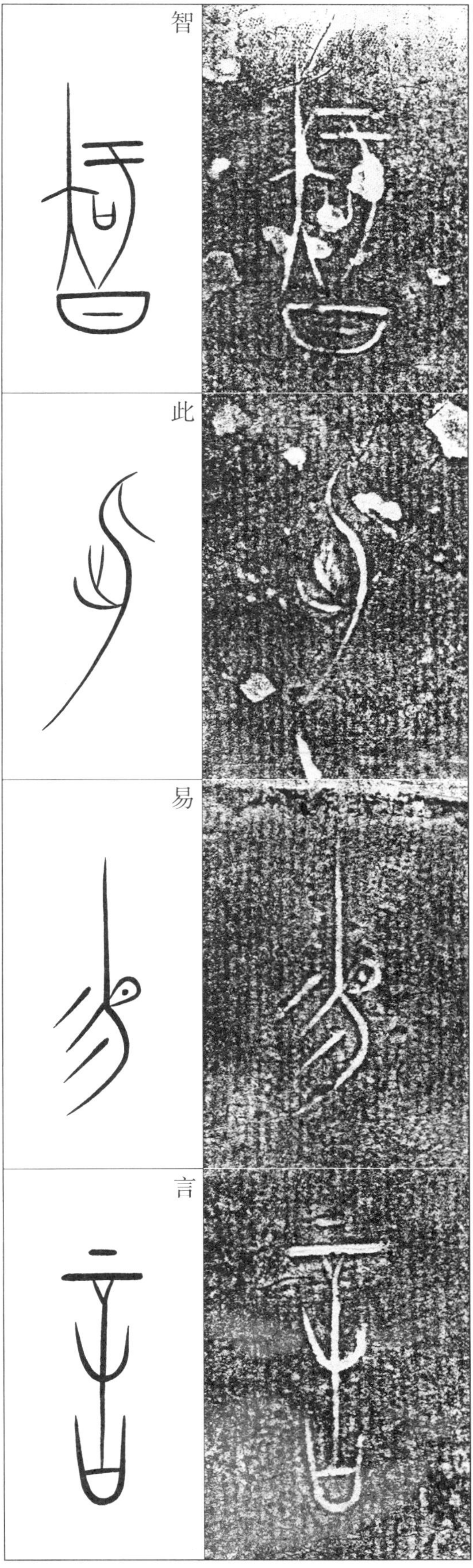

而難行施（也）。

而

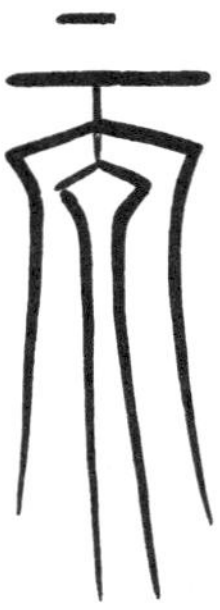

難

行

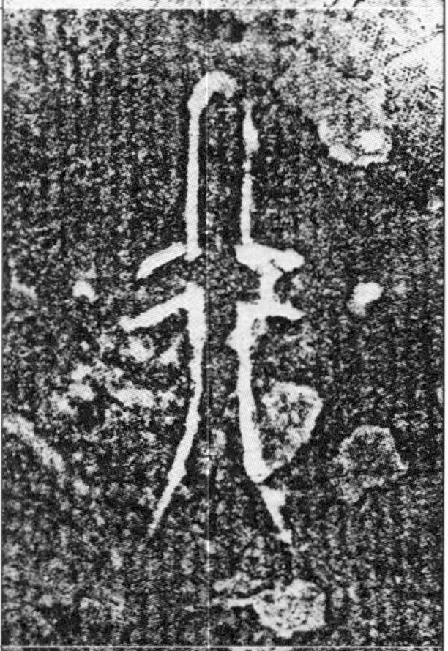

施

非㐰（信）與忠，

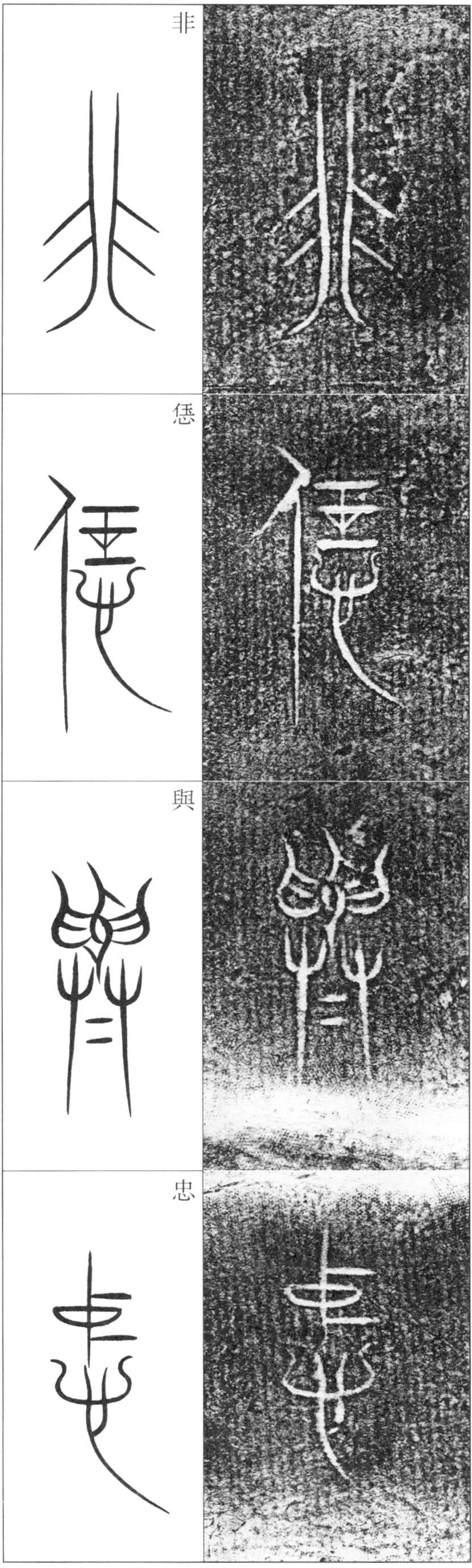

其隹（誰）能之，其隹（誰）能之？

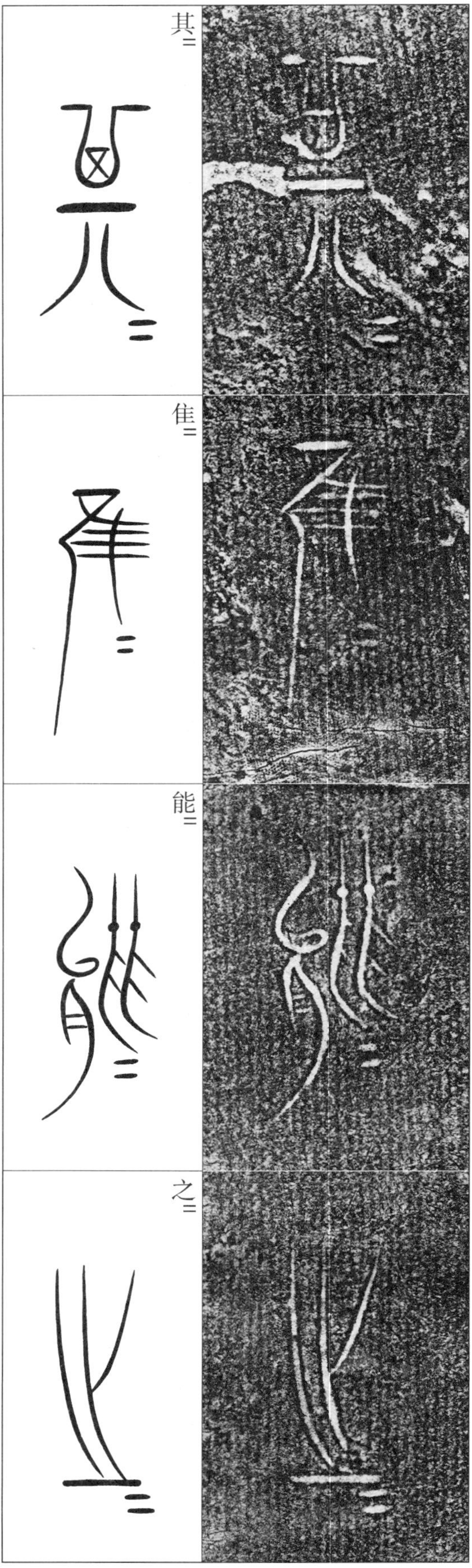

隹（惟）盧（吾）老賈，

隹

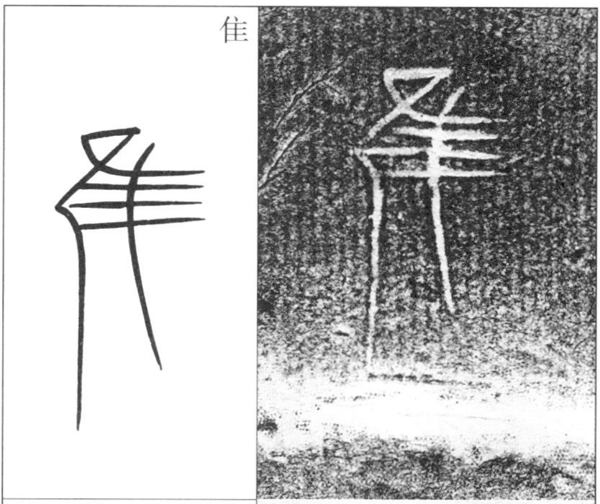

盧

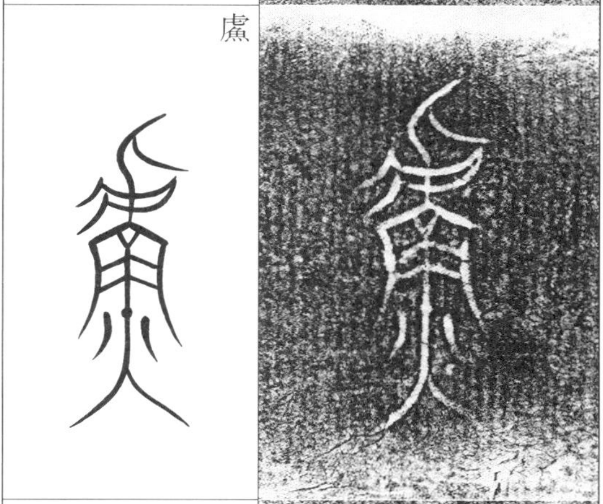

老

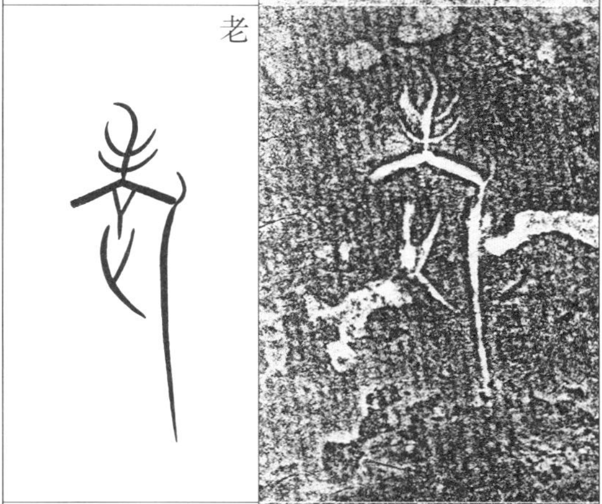

賈

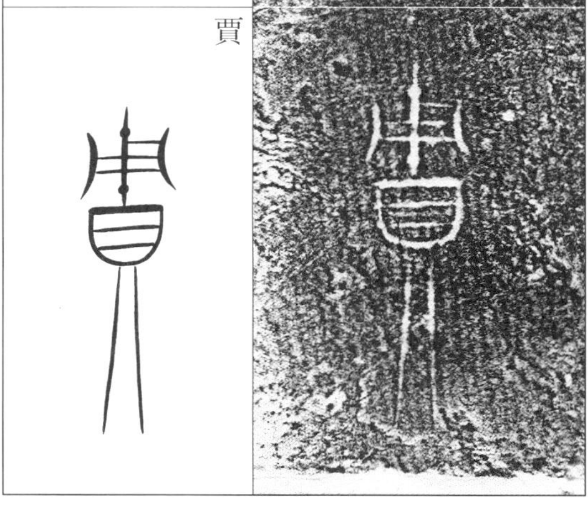

是克行之。

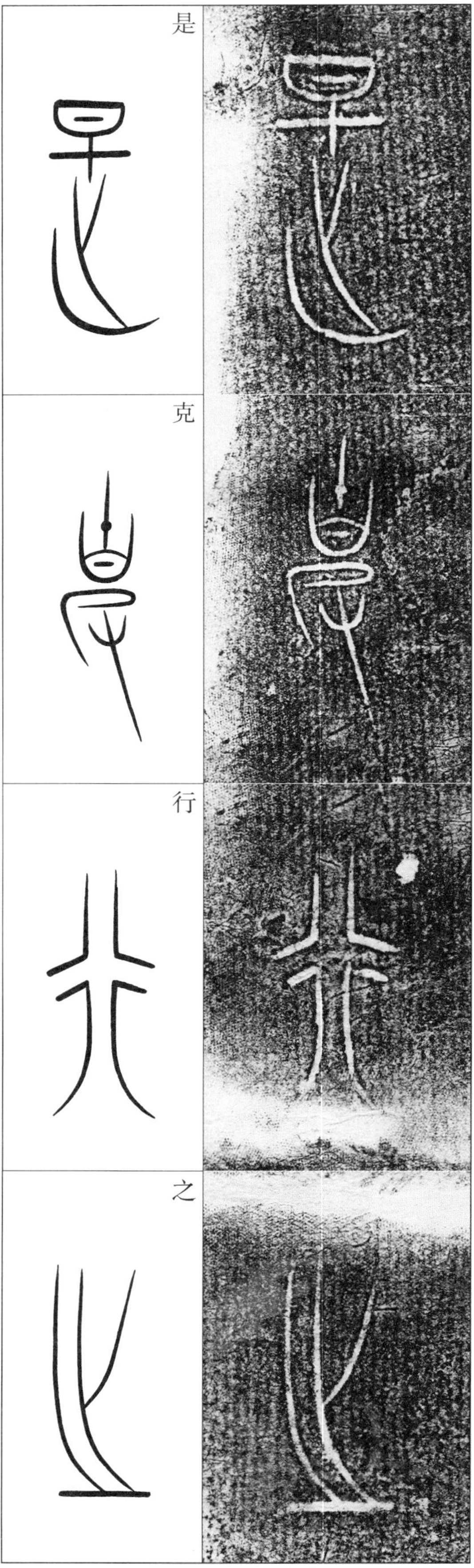

於（嗚）虖（呼）！攸𢆻（哉）！

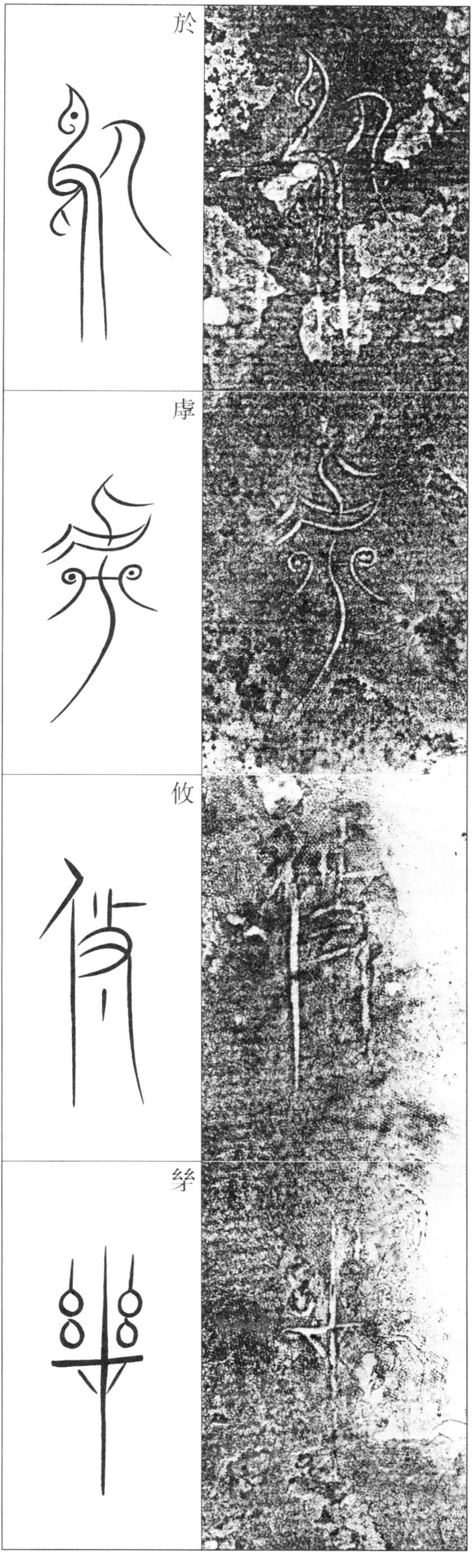

天其有埅（例）

天

其

有

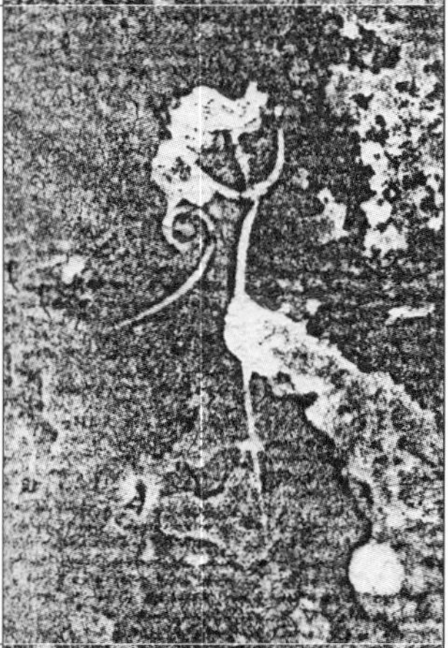

埅

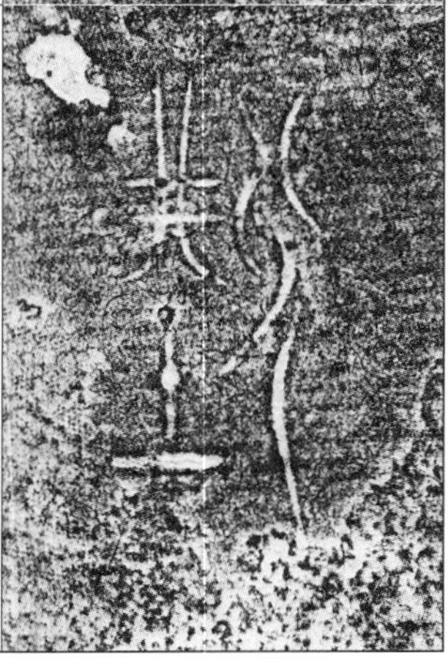

于𢆶（兹）氒（厥）邦，

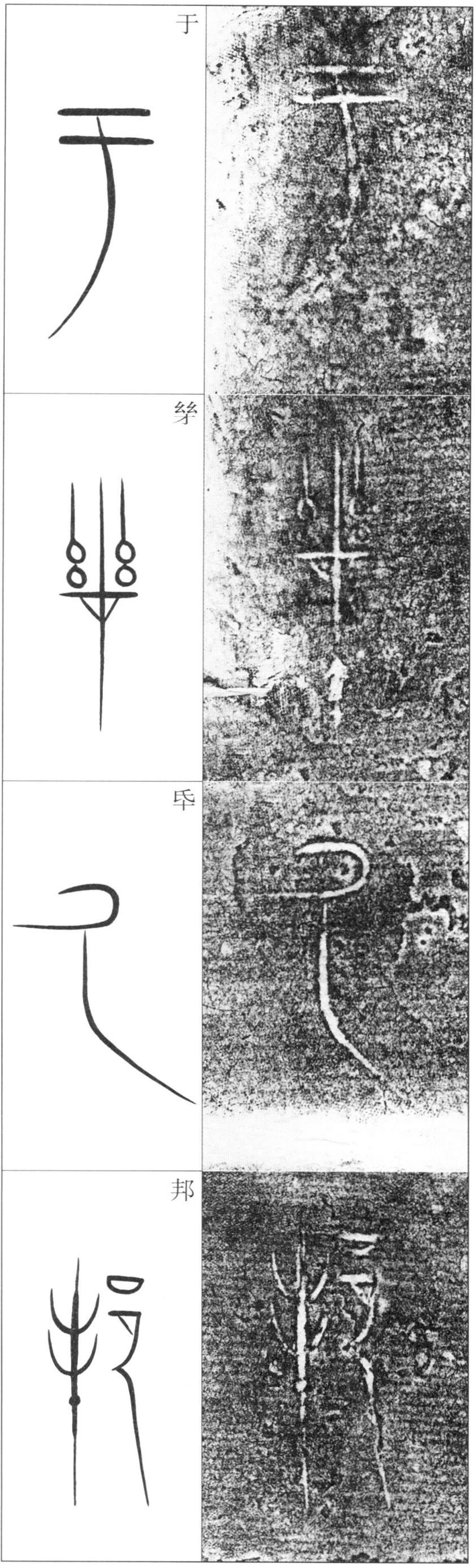

氏（是）㠯（以）頁（寡）人

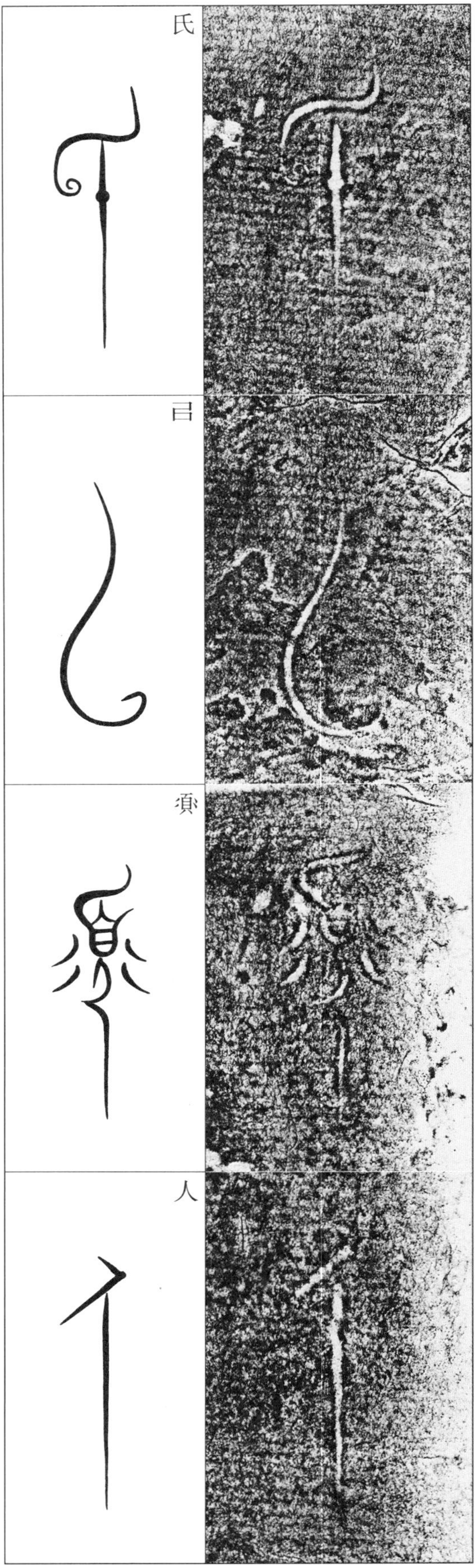

𠤷（委）賃（任）之邦，

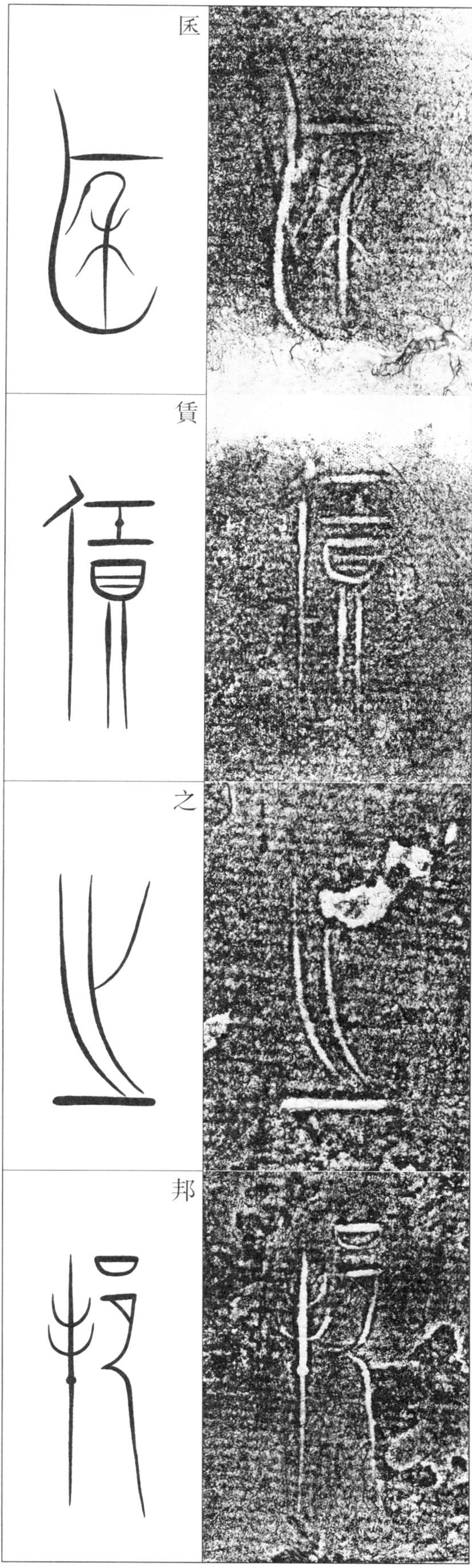

而去之遊，

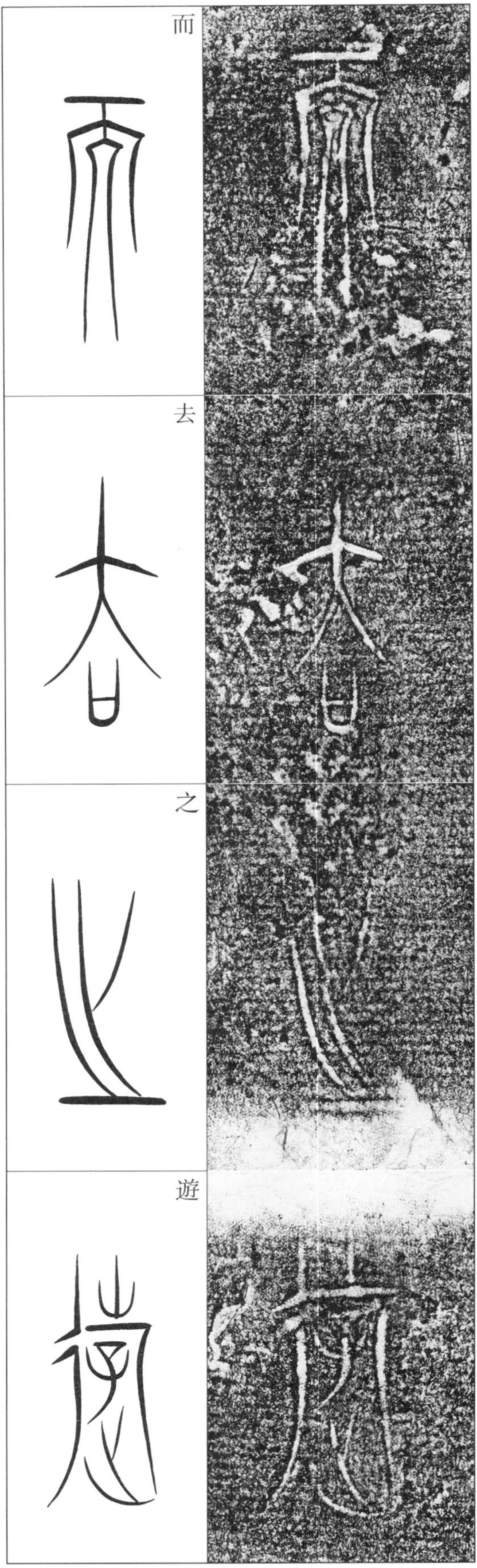

亡（無）⿱宀悉（遽）煬（惕）之

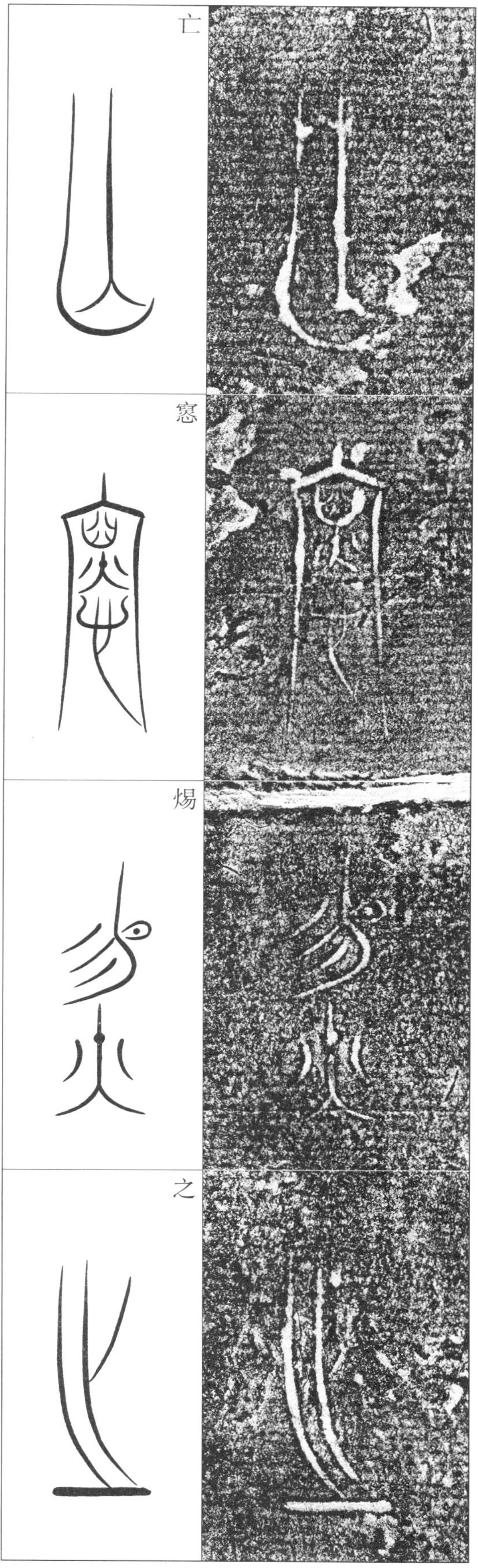

⿱吕心（慮）。昔者盧（吾）

⿱吕心

昔

者

盧

先禝（祖）趄（桓）王、

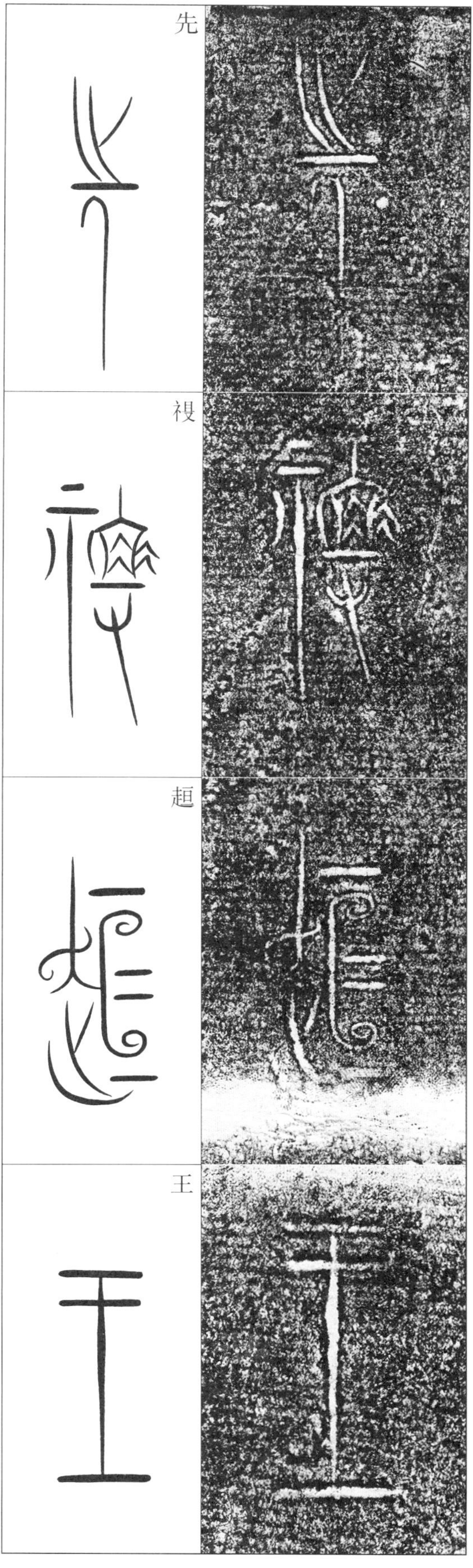

邵（昭）考成王，

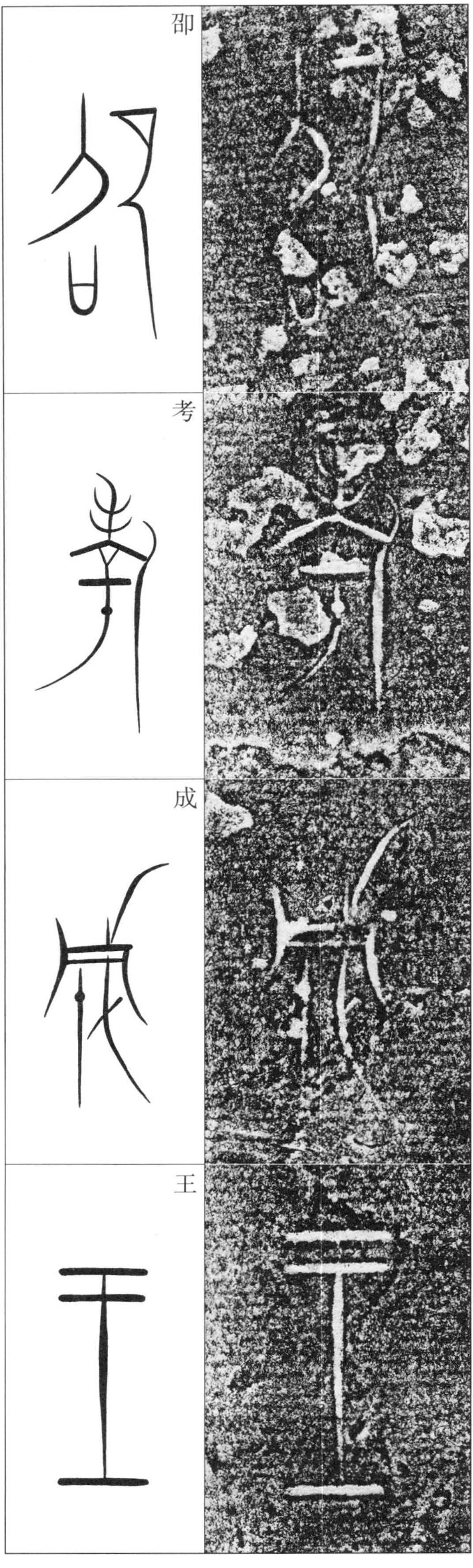

身勤袿（社）禝（稷），

身

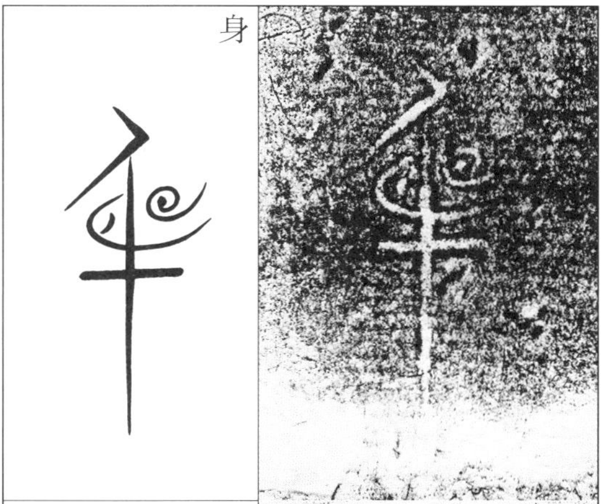

勤

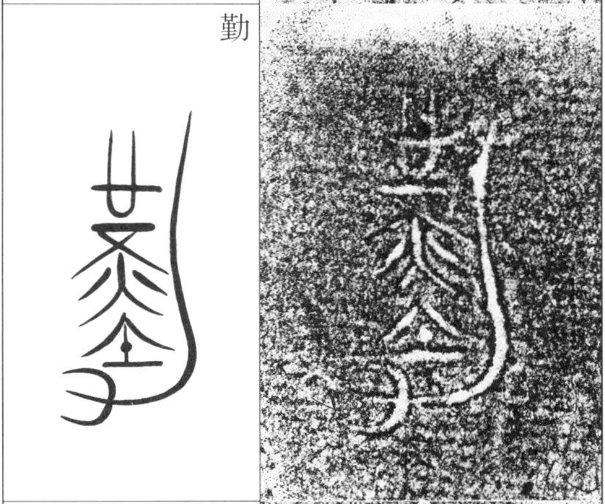

袿

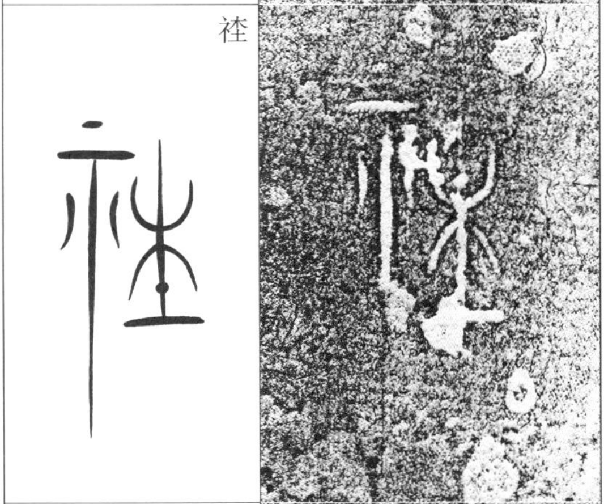

禝

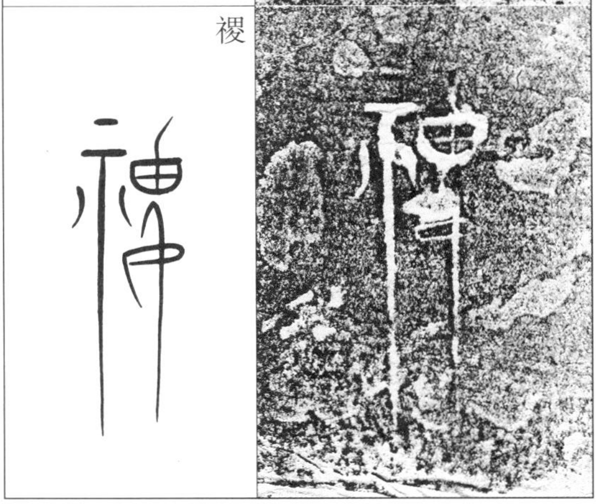

行亖（四）方，㠯（以）

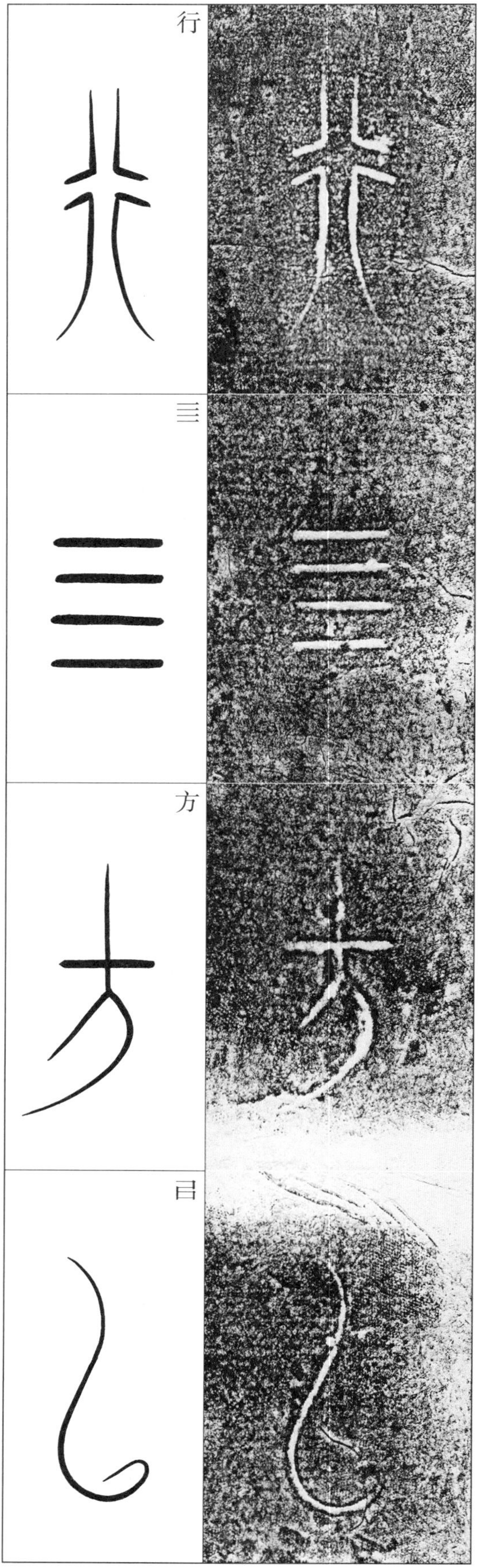

㥑（憂）烾（勞）邦家。

㥑

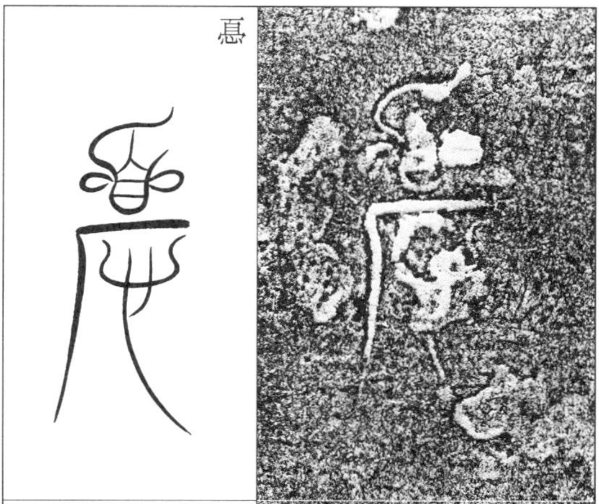

烾

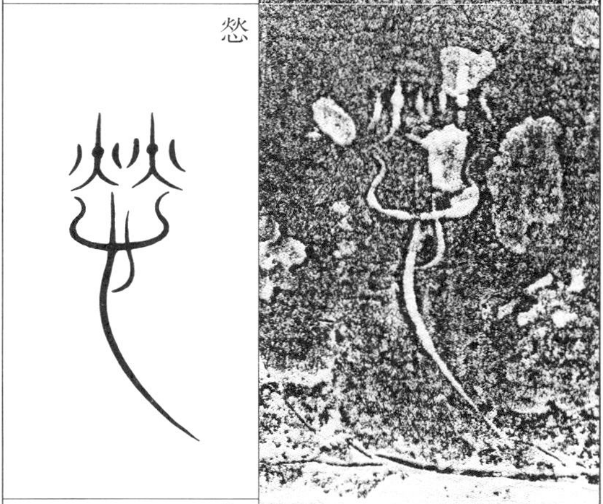

邦

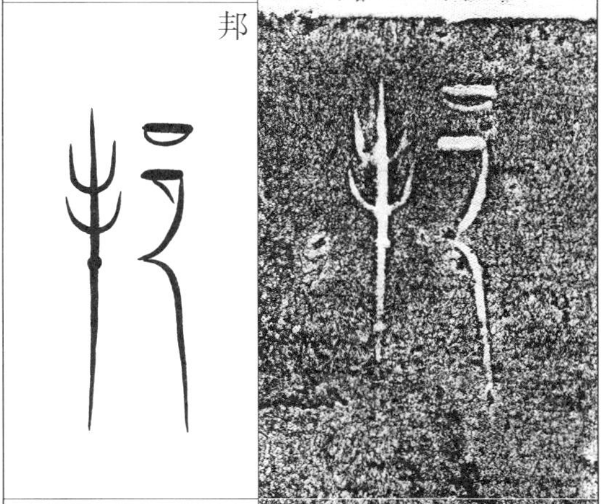

家

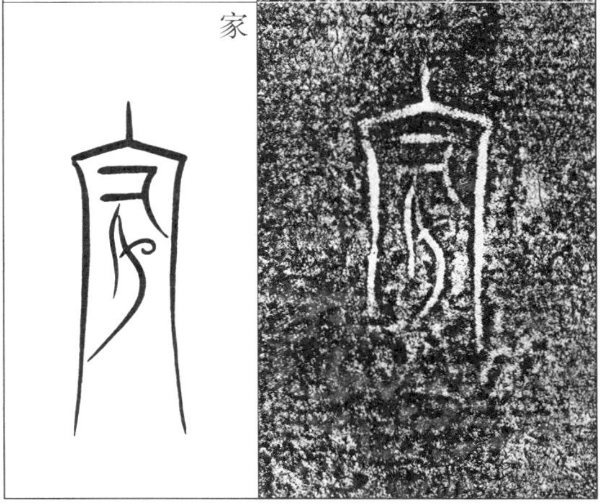

含（今）𪊨（吾）老賈，

含

𪊨

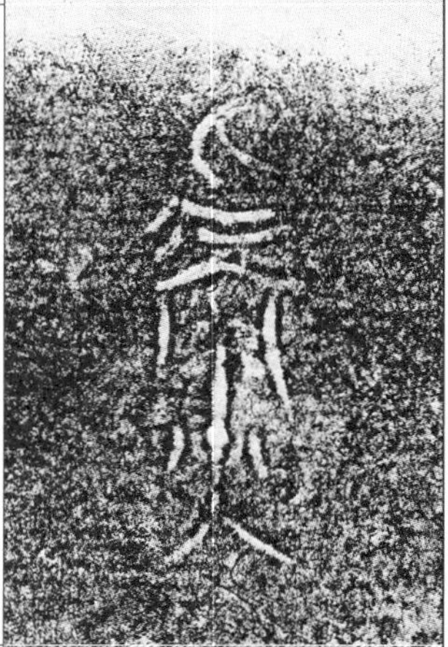

老

賈

新（親）逵（率）參（三）軍

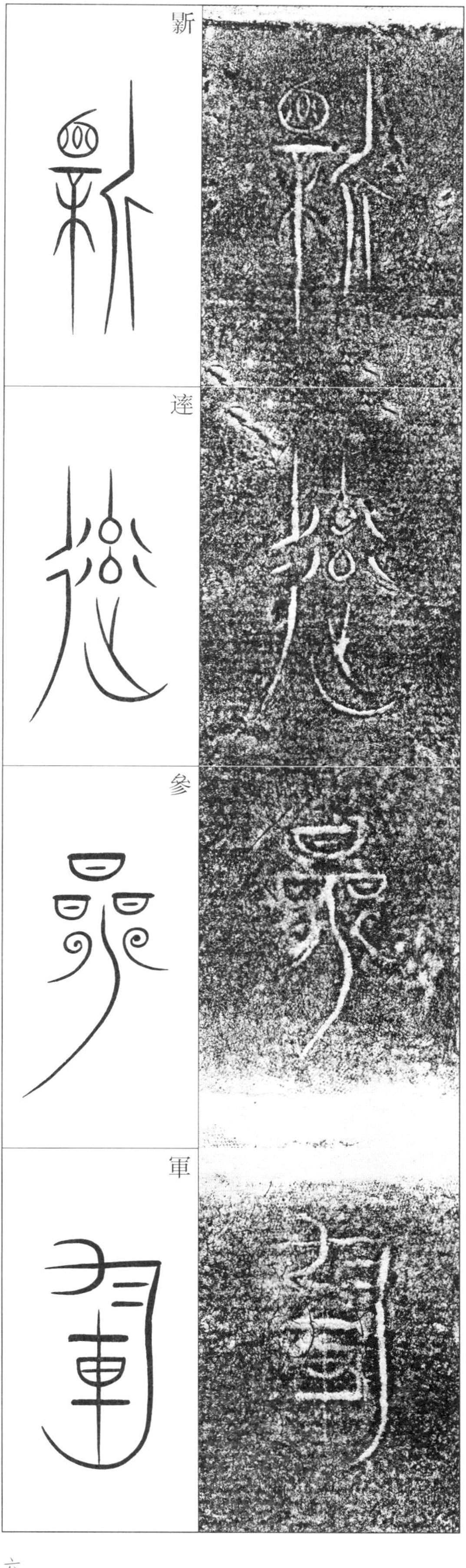

之衆，㠯（以）征

之

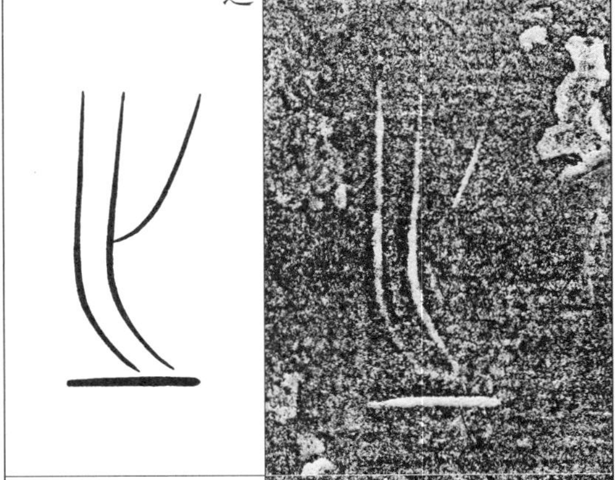

衆

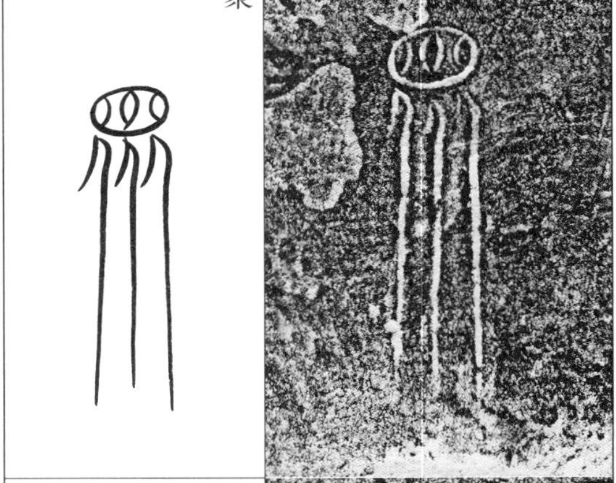

㠯

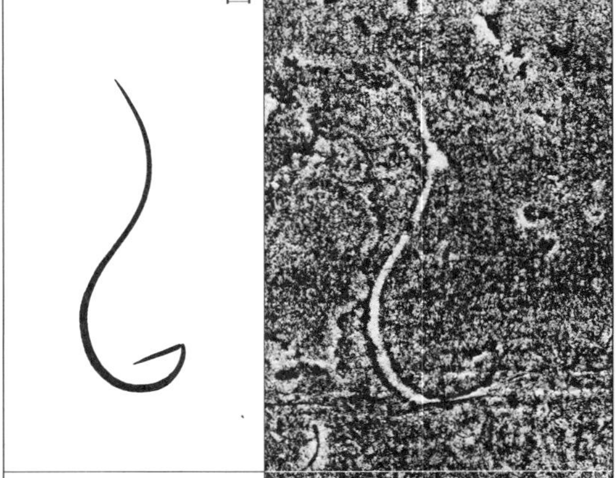

征

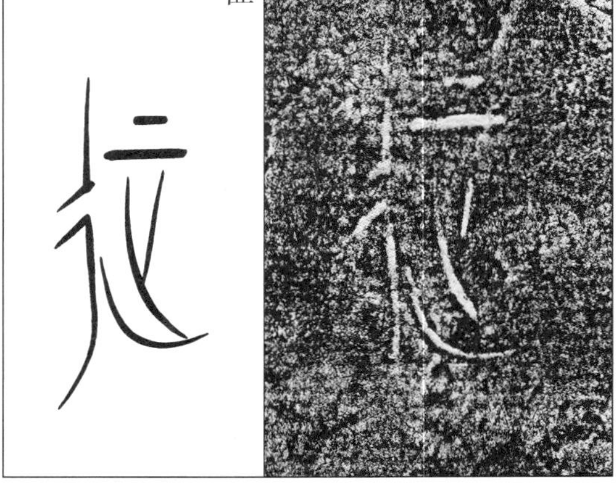

不宜（義）之邦，

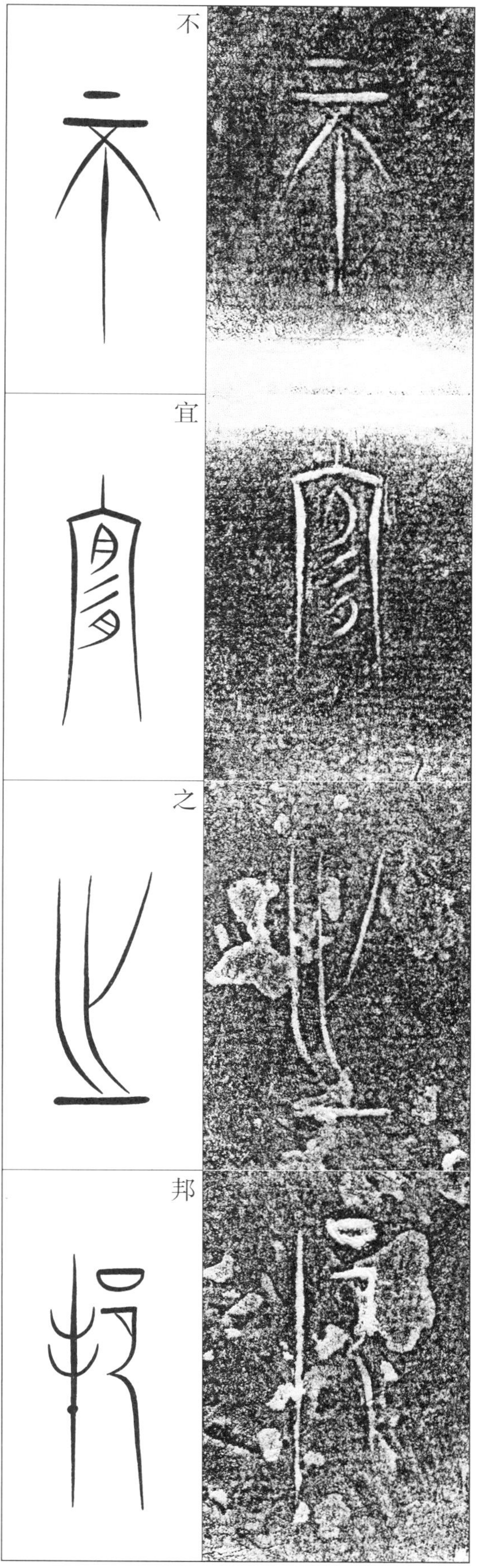

𢿌（奮）桴晨（振）鐸，

𢿌

桴

晨

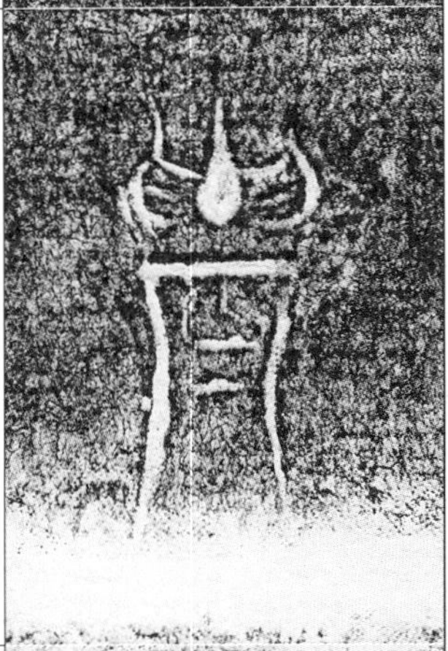

鐸

闢啓䚻（封）彊（疆），

闢

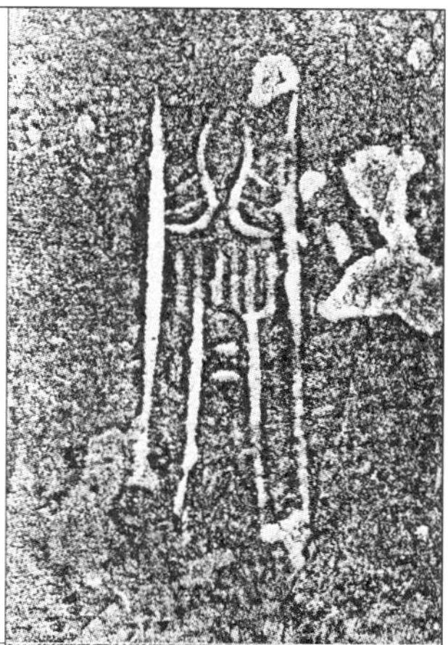

啓

䚻

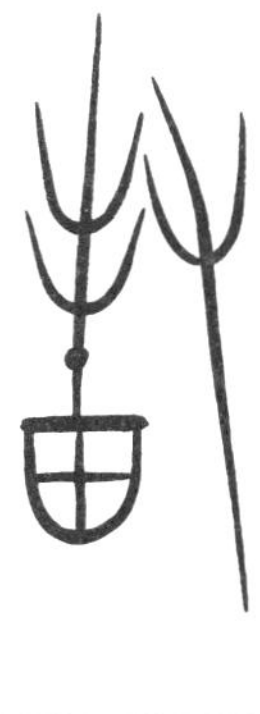

彊

方譻（數）百里，

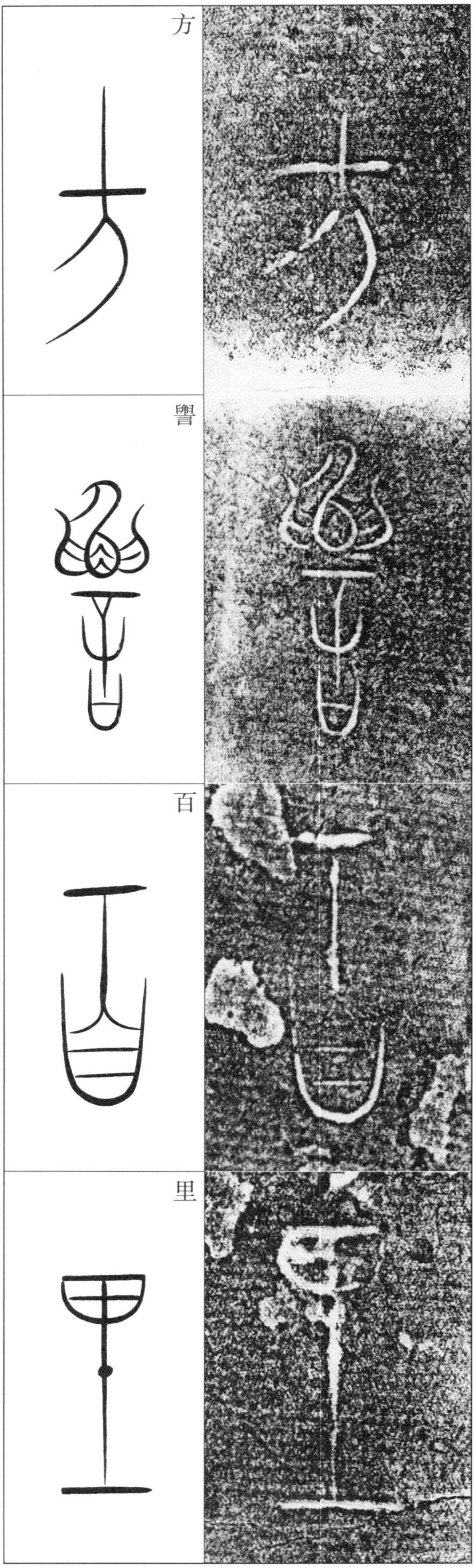

剌（列）城譽（數）十，

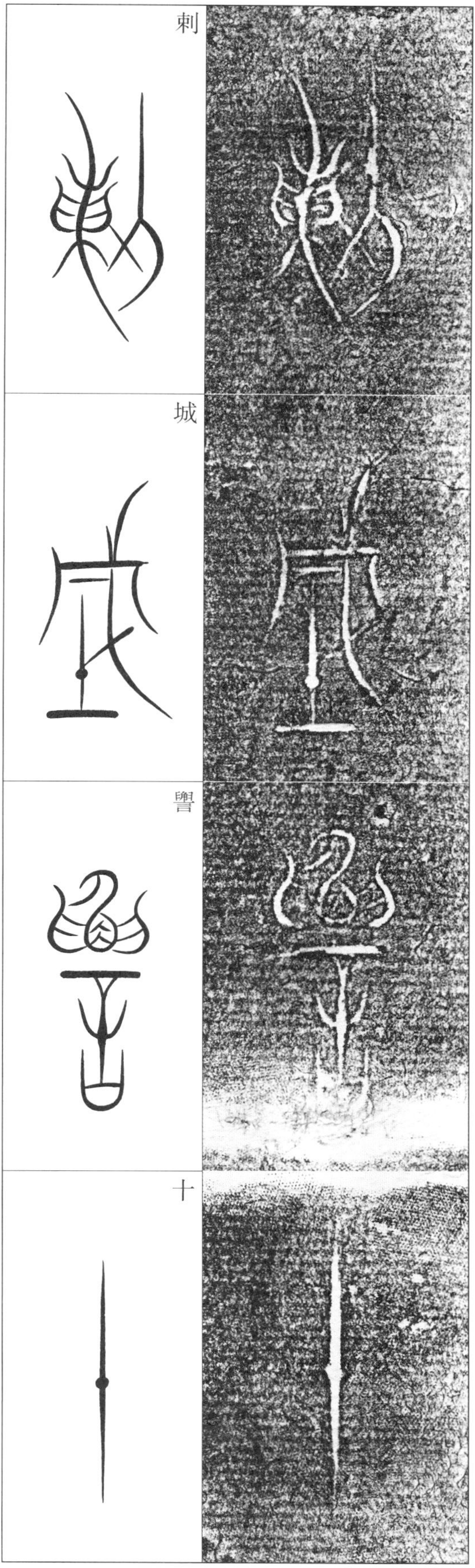

克僪（敵）大邦。

克

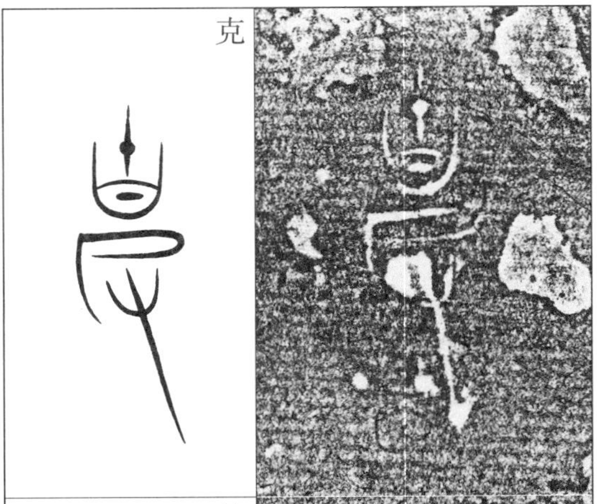

僪

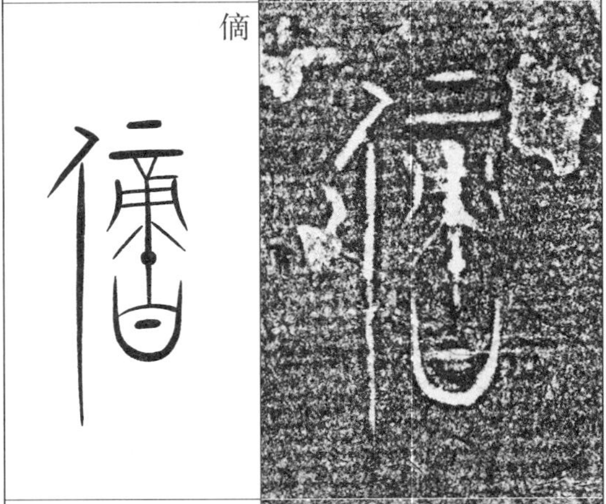

大

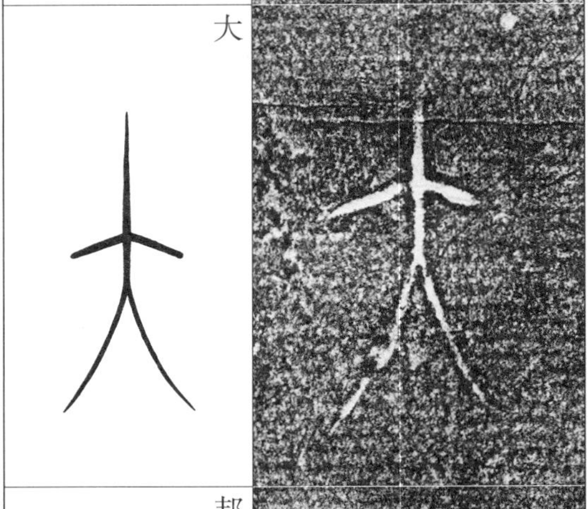

邦

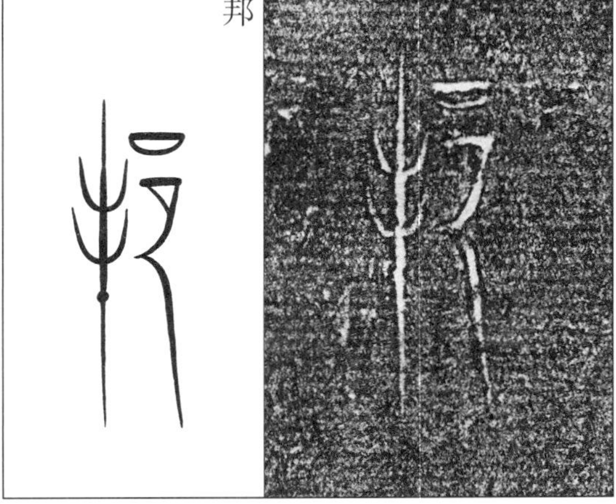

⿲冫頁丶（寡）人庸其

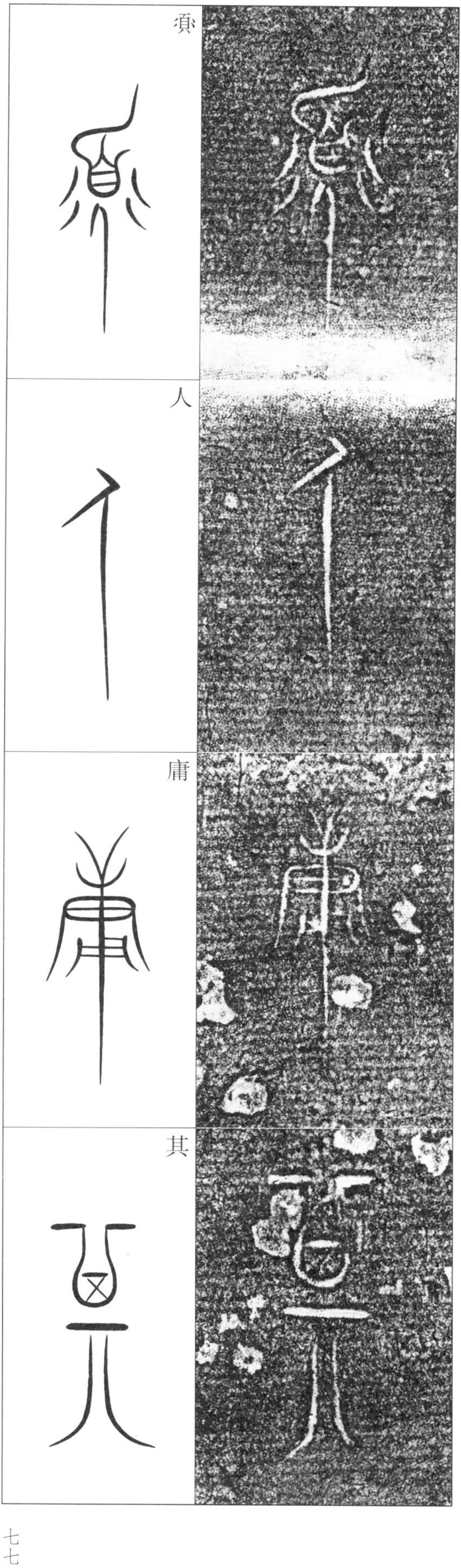

悳（德），嘉其力，

悳

嘉

其

力

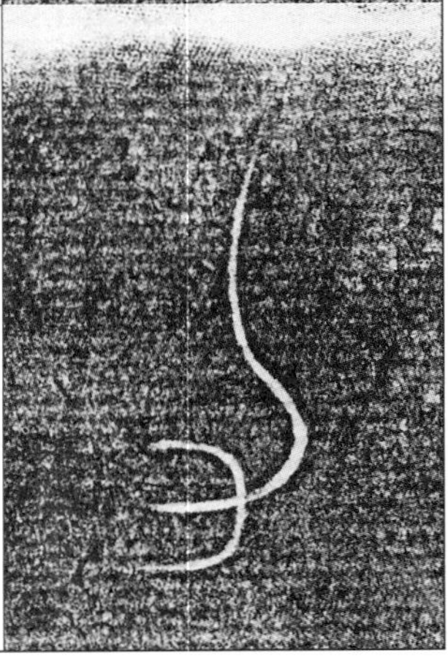

氏（是）㠯（以）賜之

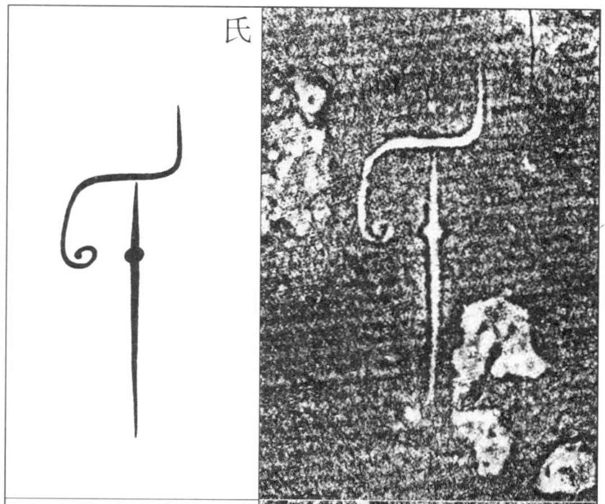

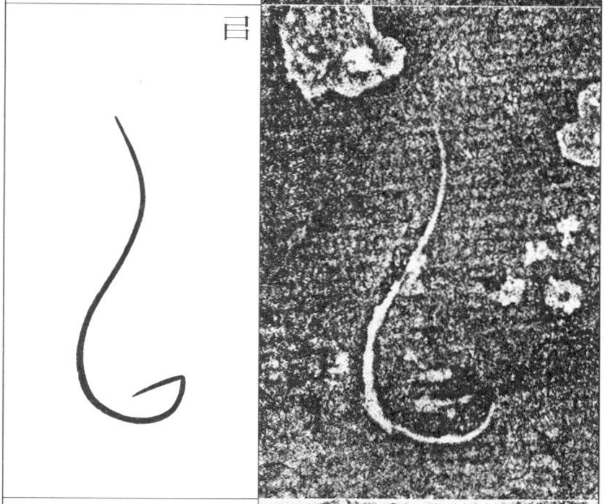

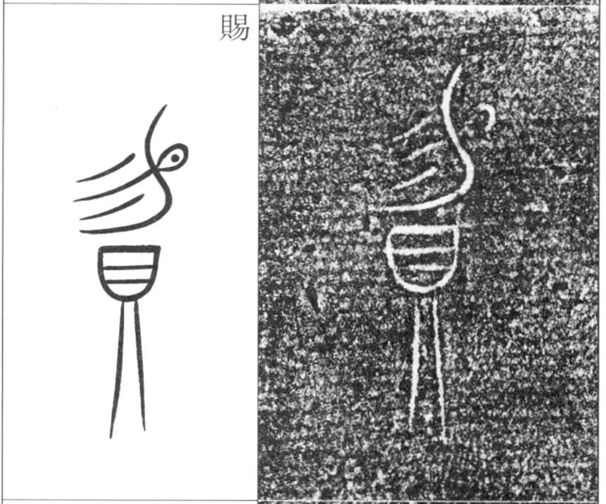

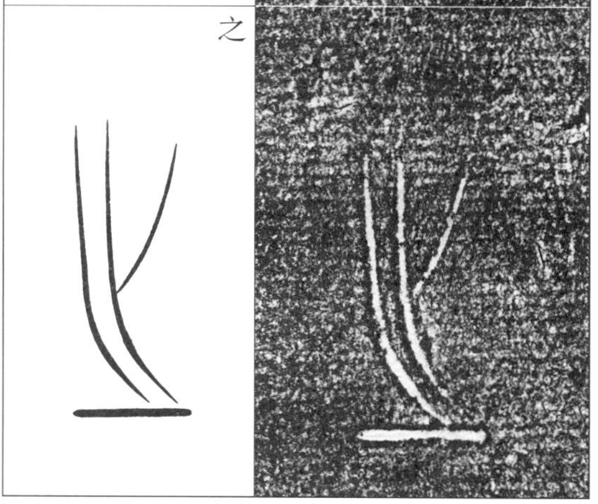

氒（厥）命，隹（雖）有

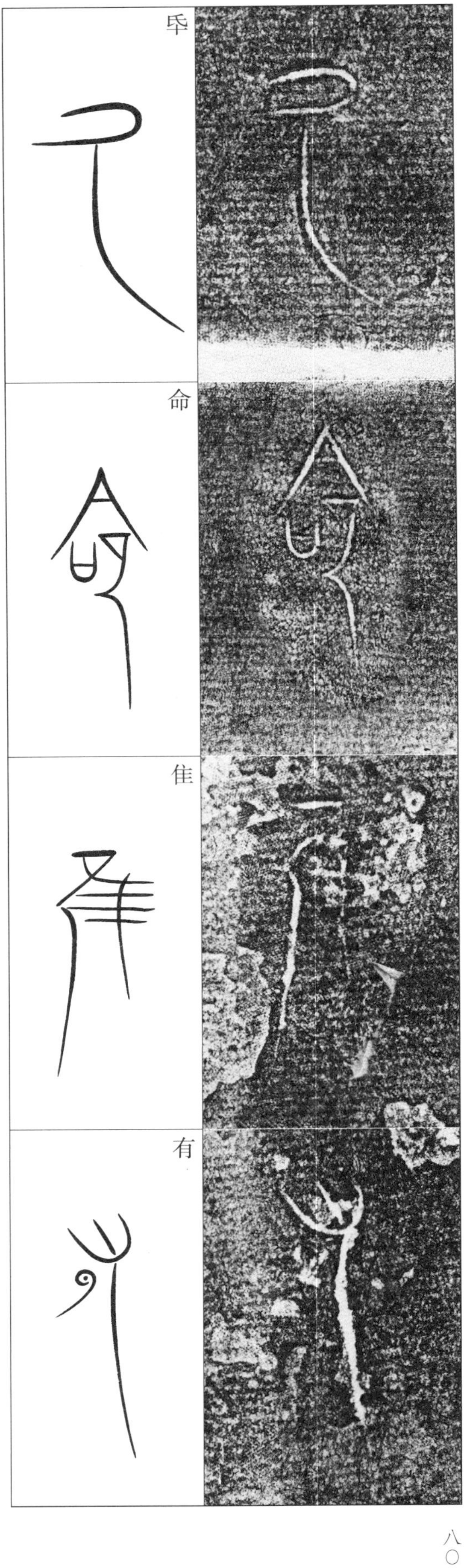

死辠（罪），及參（三）

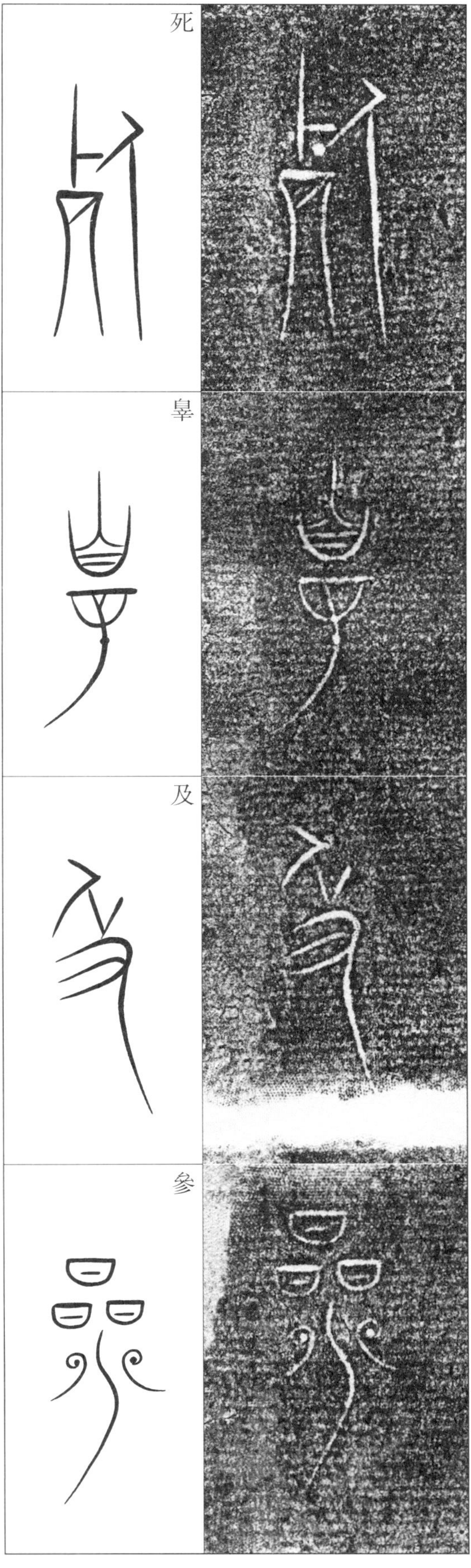

殜（世）亡（無）不若（赦），

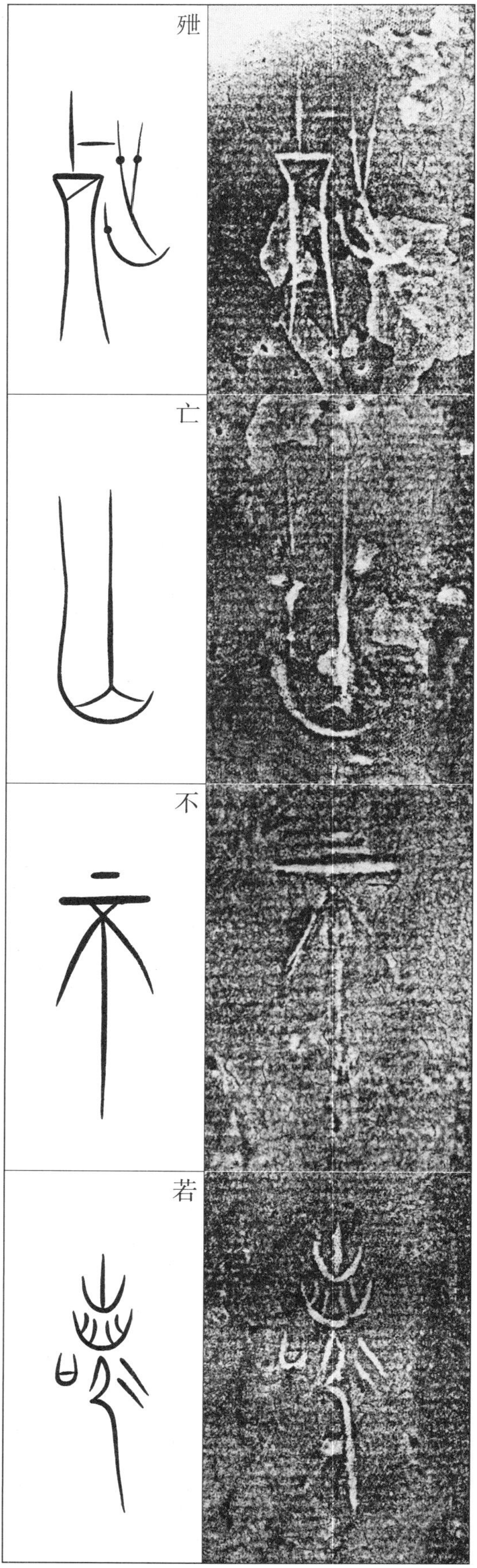

㠯（以）明其悳（德），

㠯

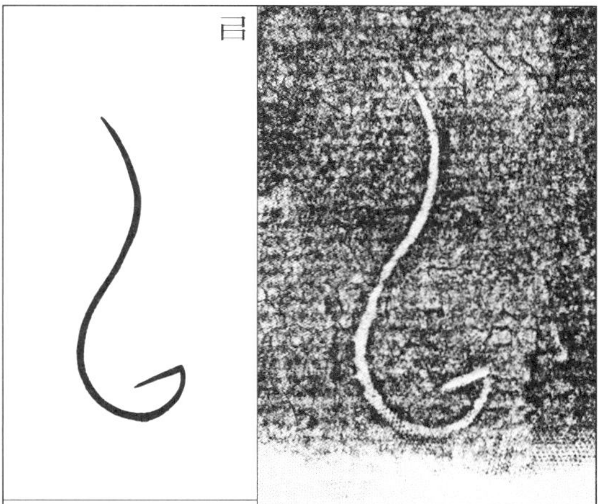

明

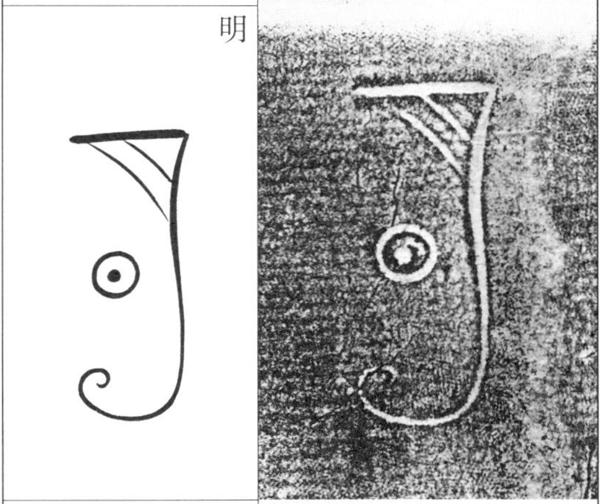

其

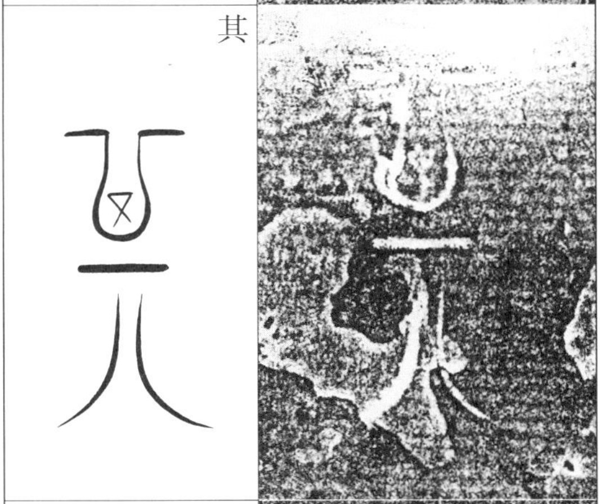

悳

庸其工（功），盧（吾）

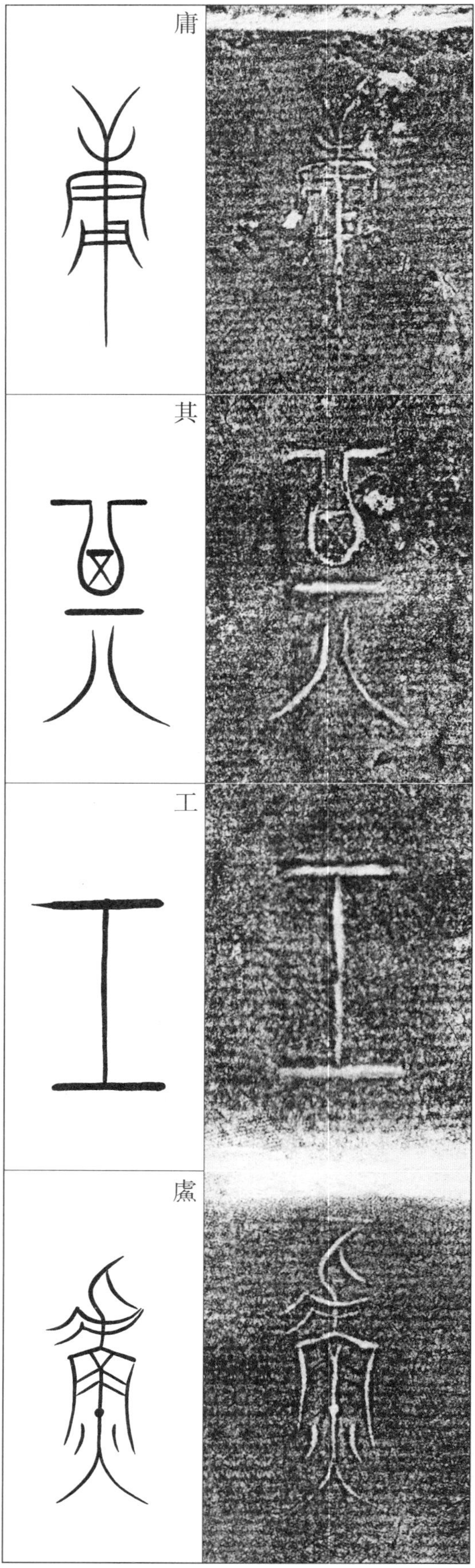

老賈奔走

老

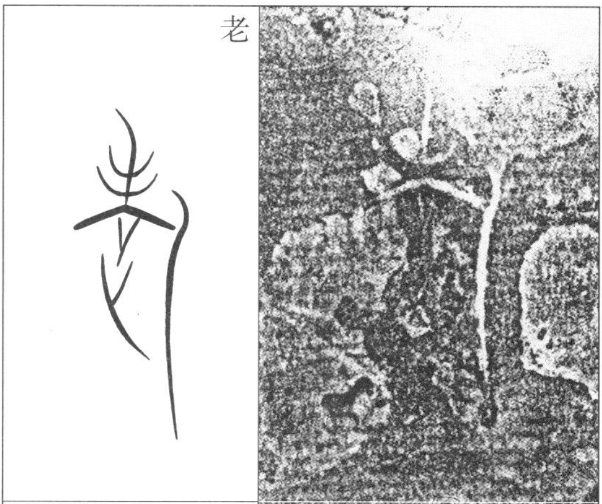

賈

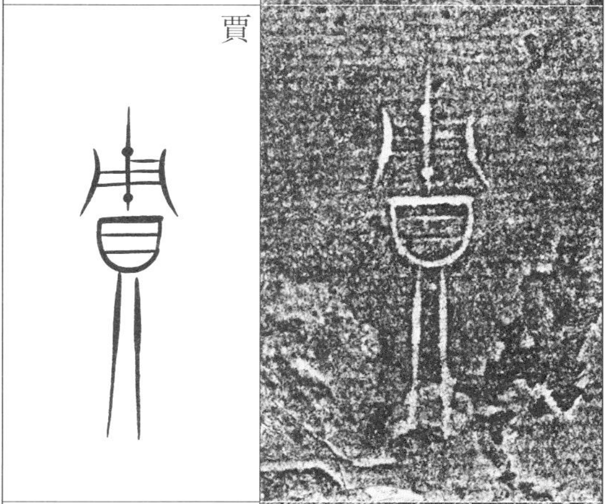

奔

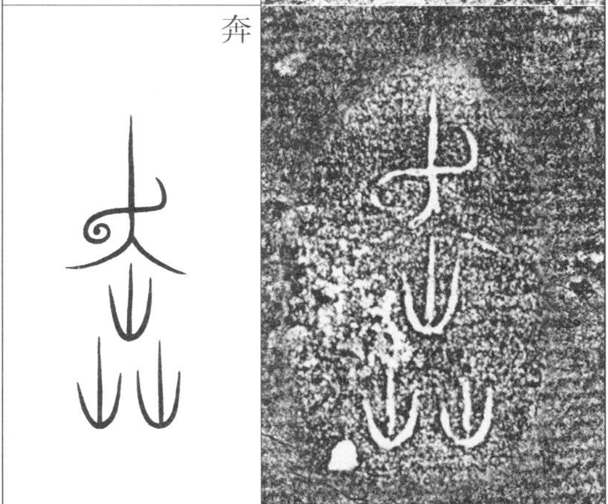

走

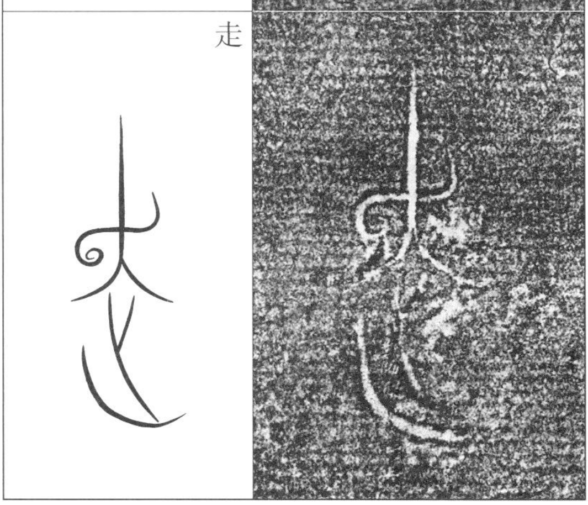

不耶（聽）命，寡=（寡人）

懼其忽然

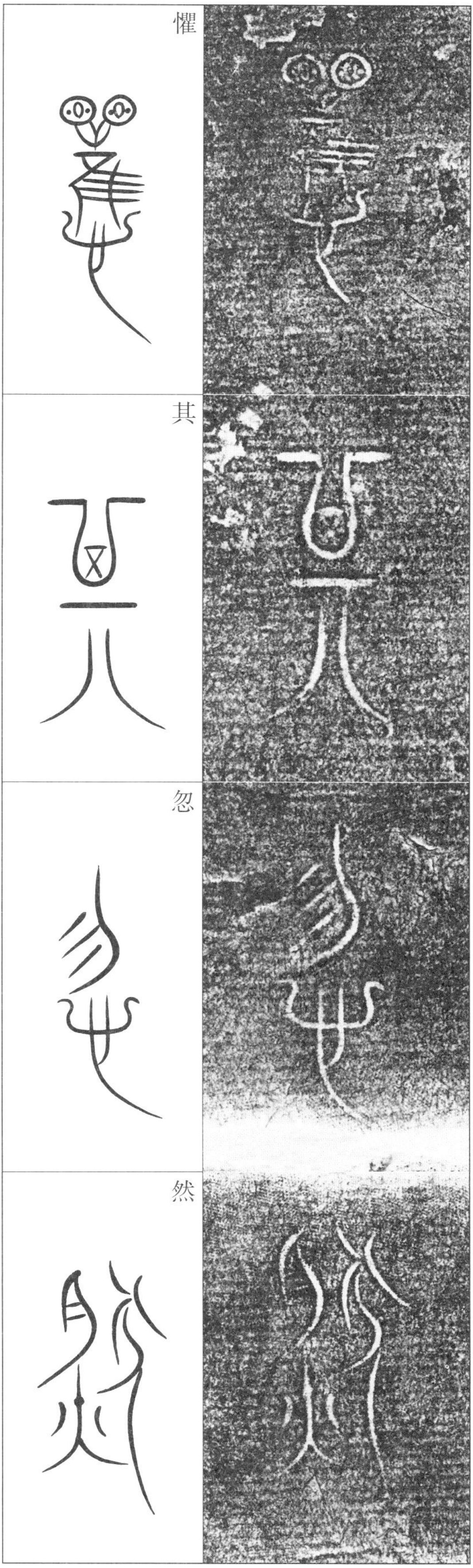

不可㝵（得），憚憚

不

可

㝵

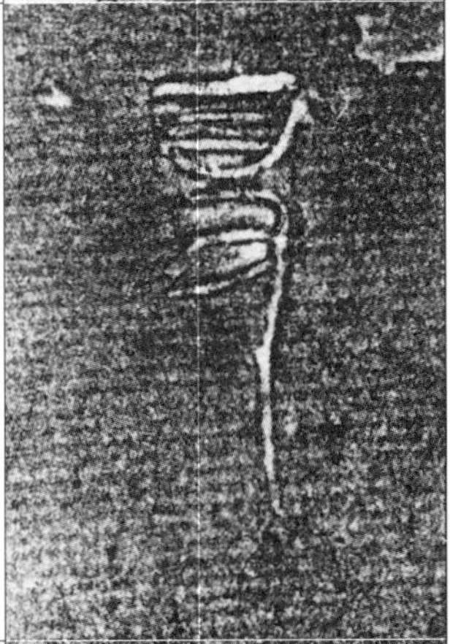

憚=

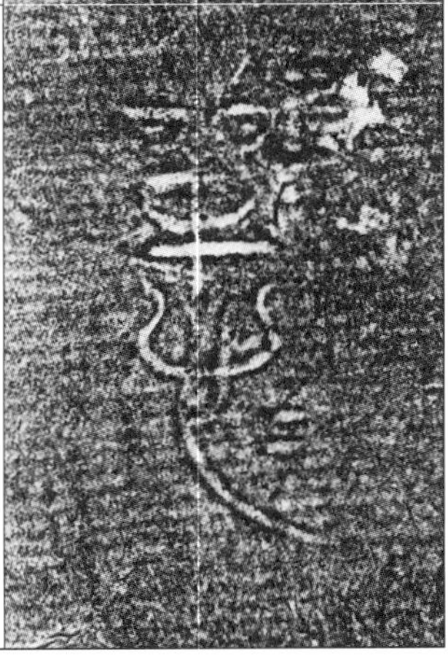

僕（業）僕（業），忎（恐）隕袿（社）

僕＝

忎

隕

袿

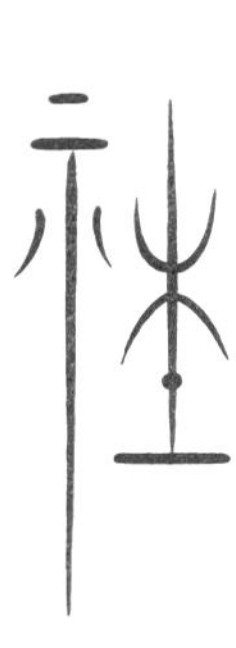

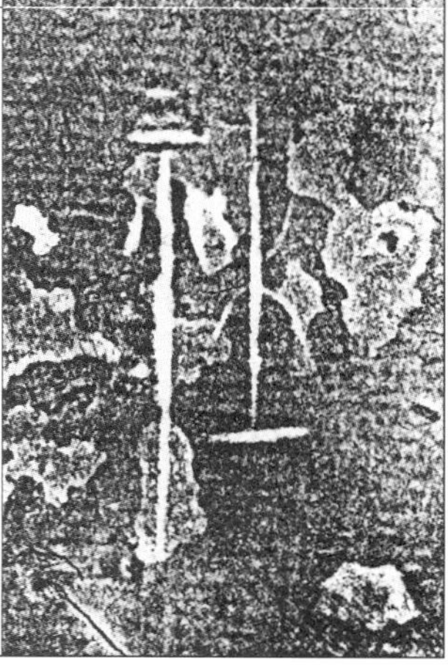

禝（稷）之光，氏（是）

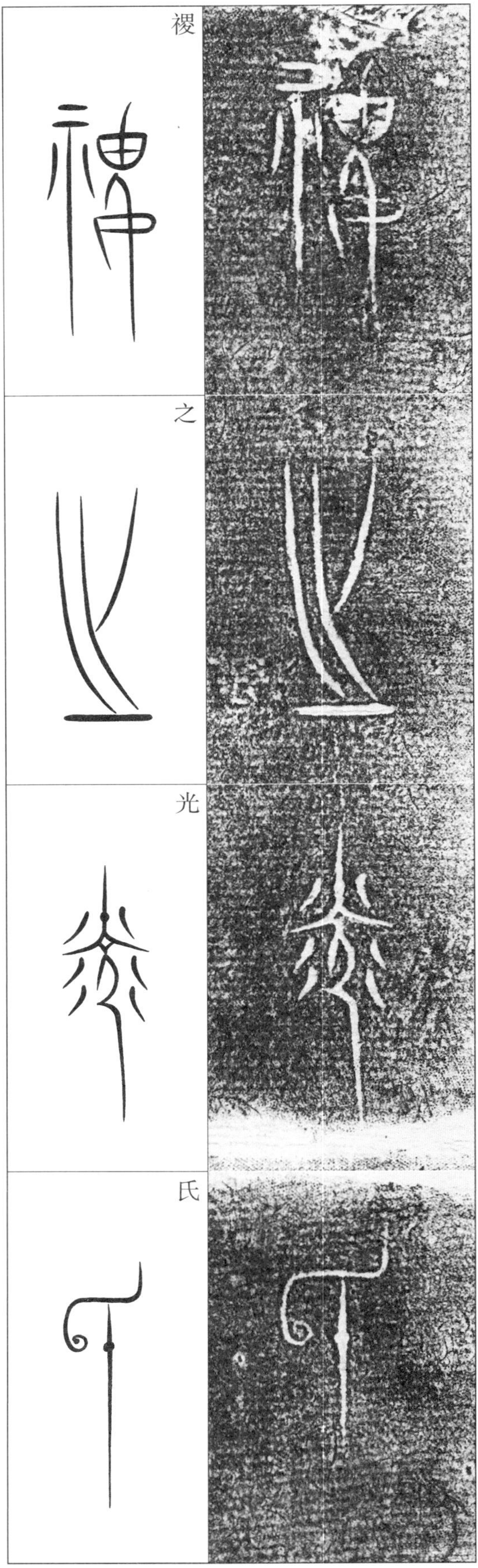

㠯（以）寡=（寡人）許之，

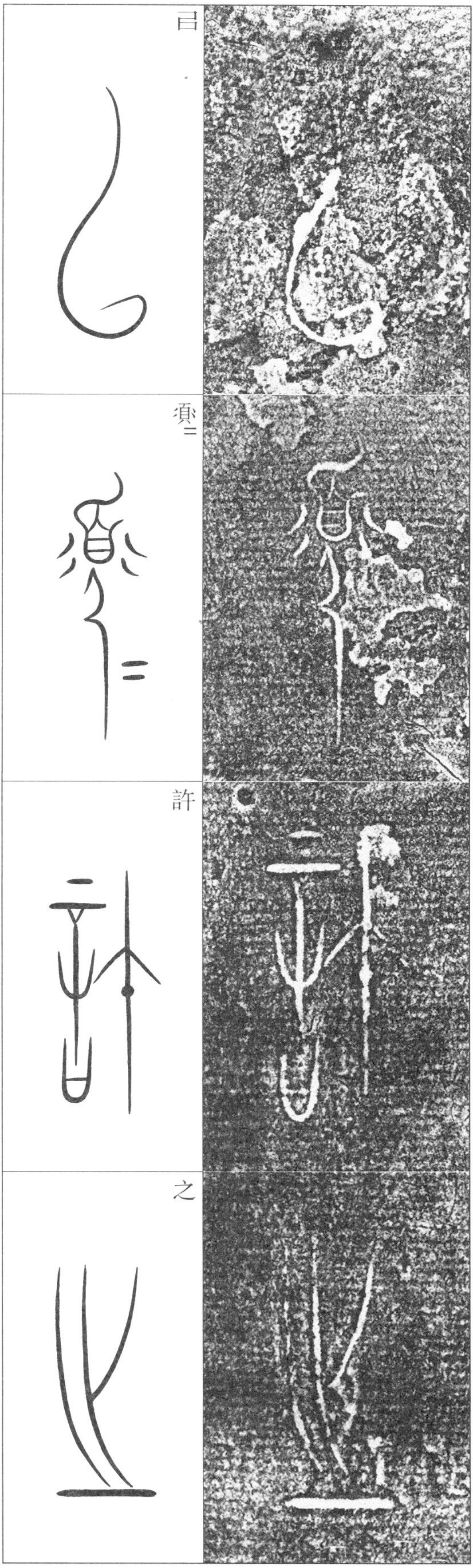

㥂（謀）𢘅（慮）𧆞（皆）𠓗（從），

㥂

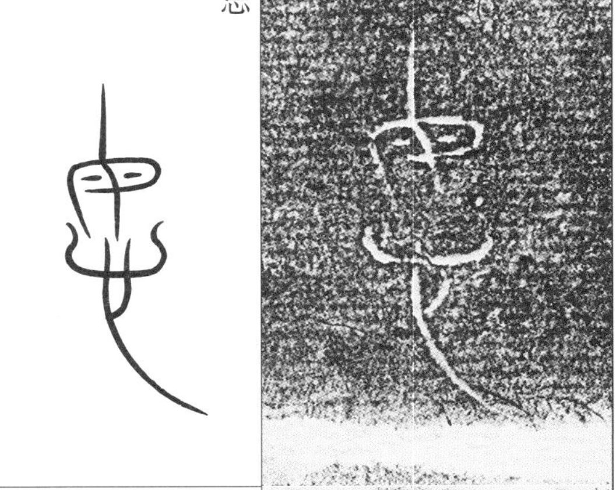

𢘅

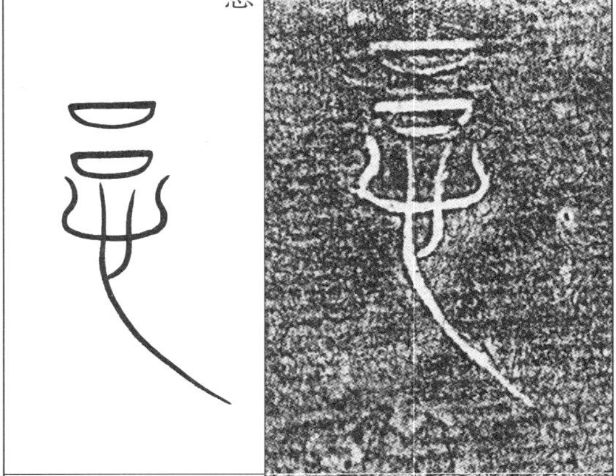

𧆞

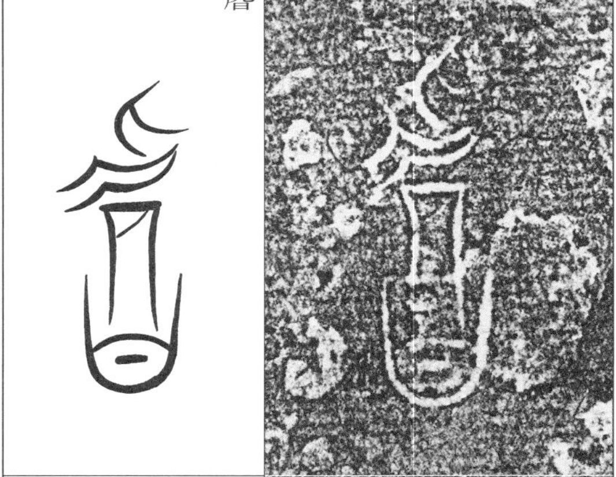

𠓗

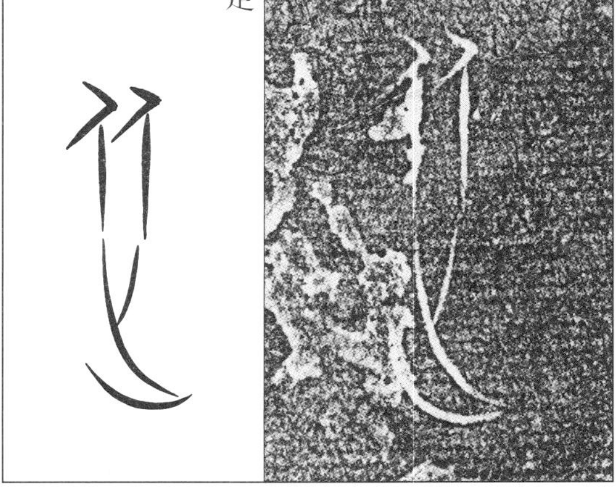

克有工（功）智

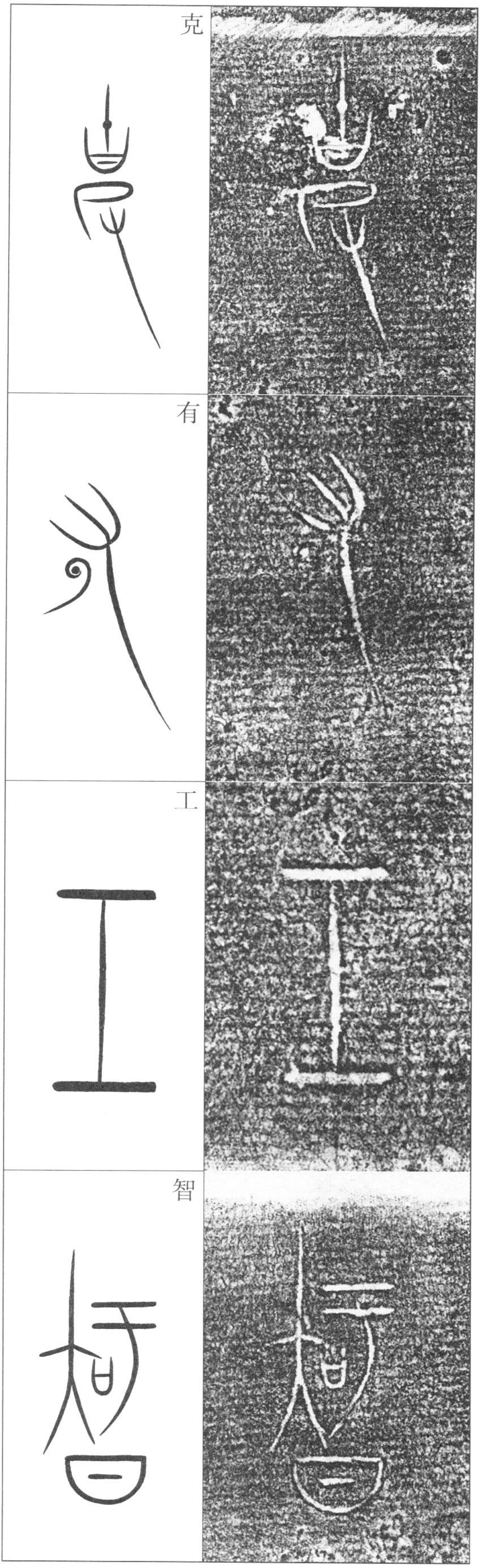

施（也）。詒（辞）死辠（罪）

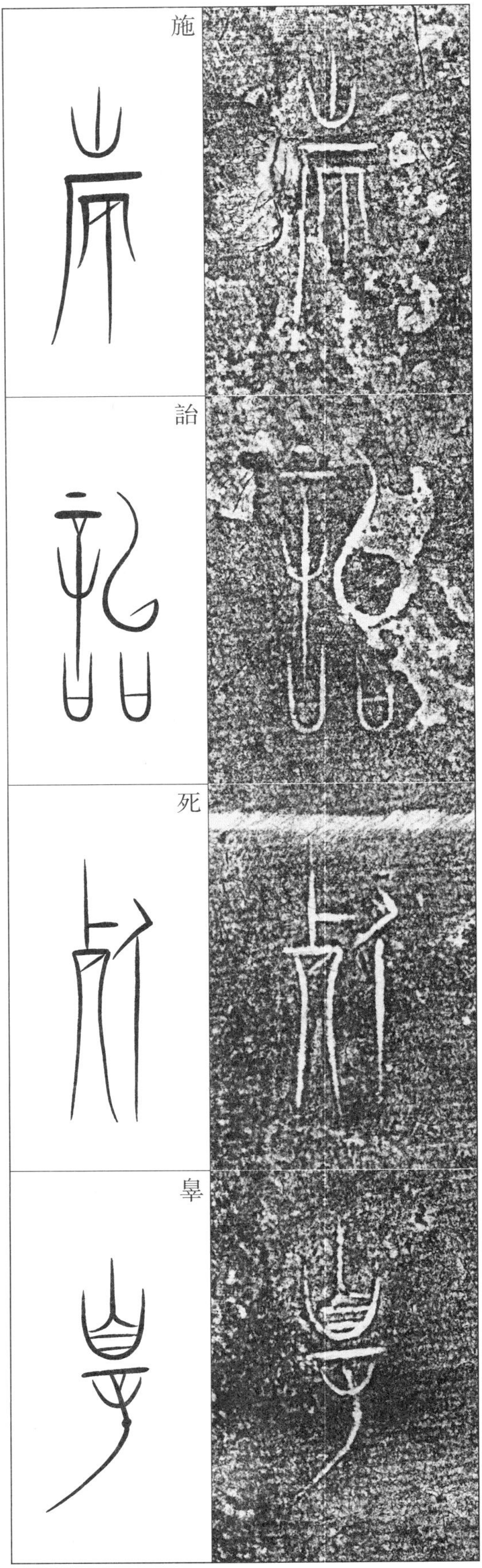

之有若（赦），智（知）

之

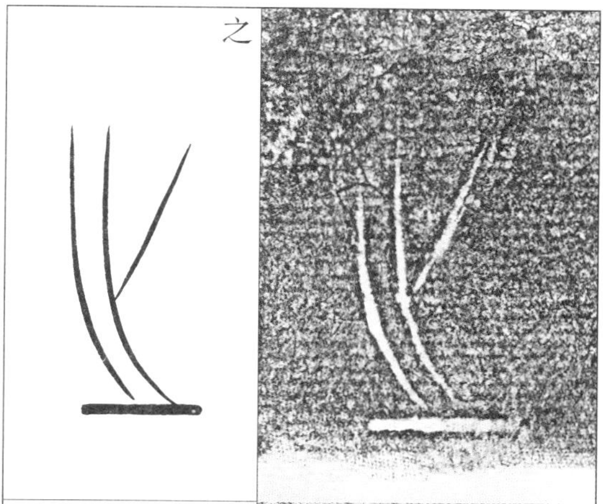

有

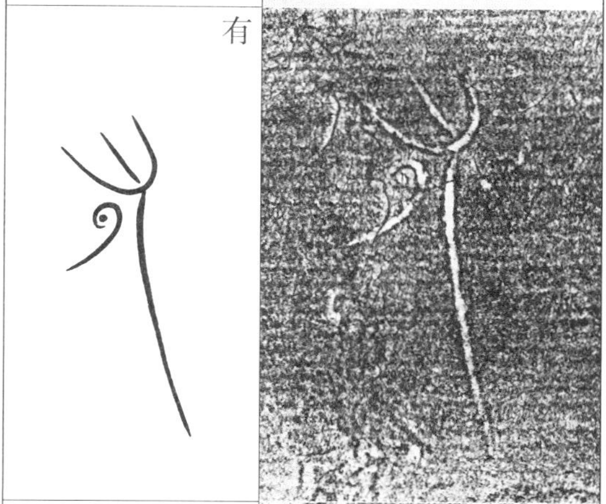

若

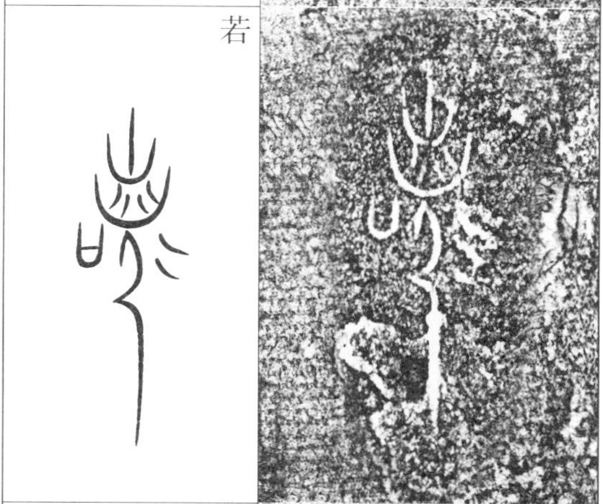

智

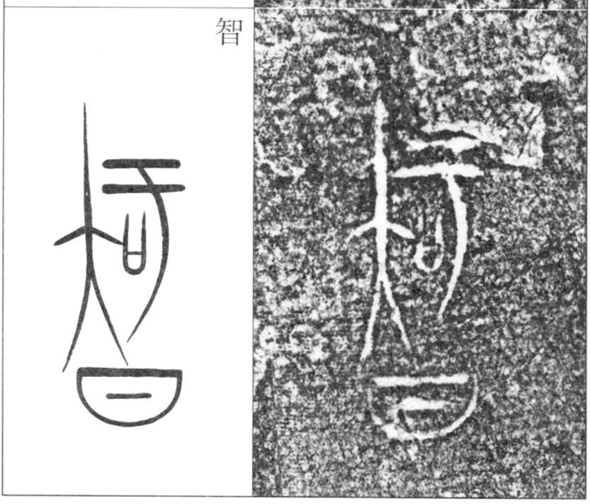

爲人臣之

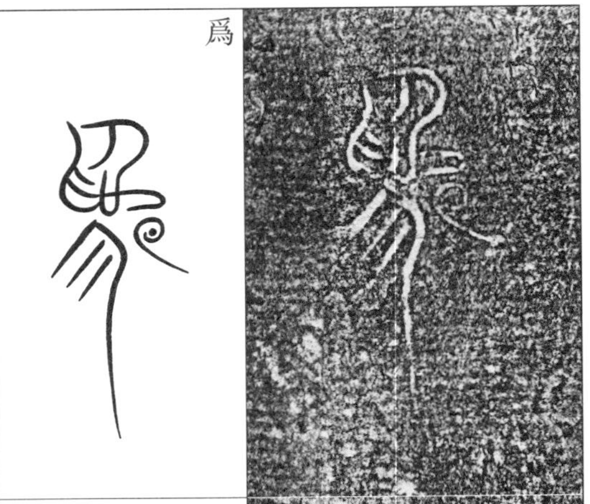

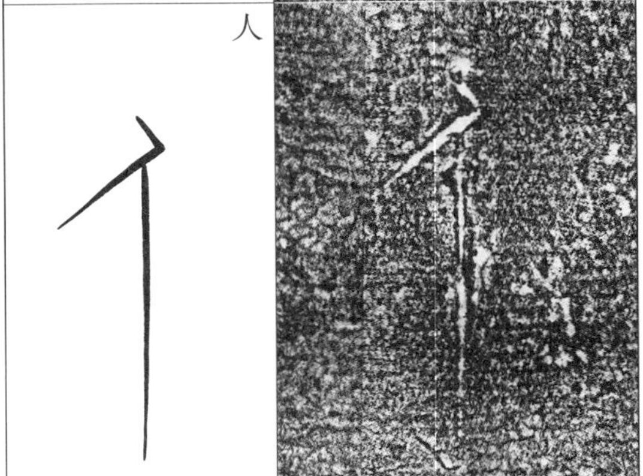

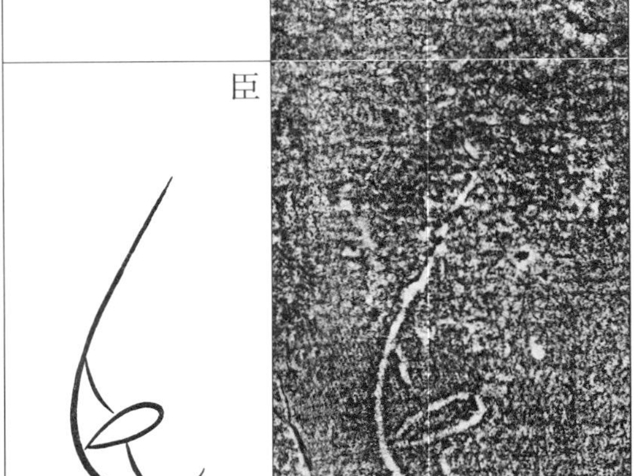

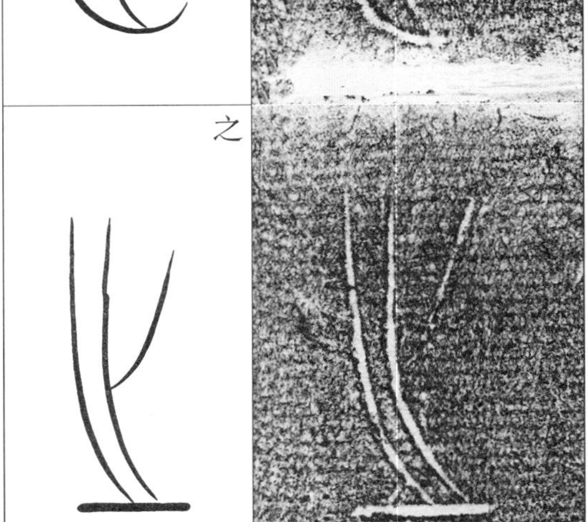

宜（義）施（也）。於（嗚）虖（呼），

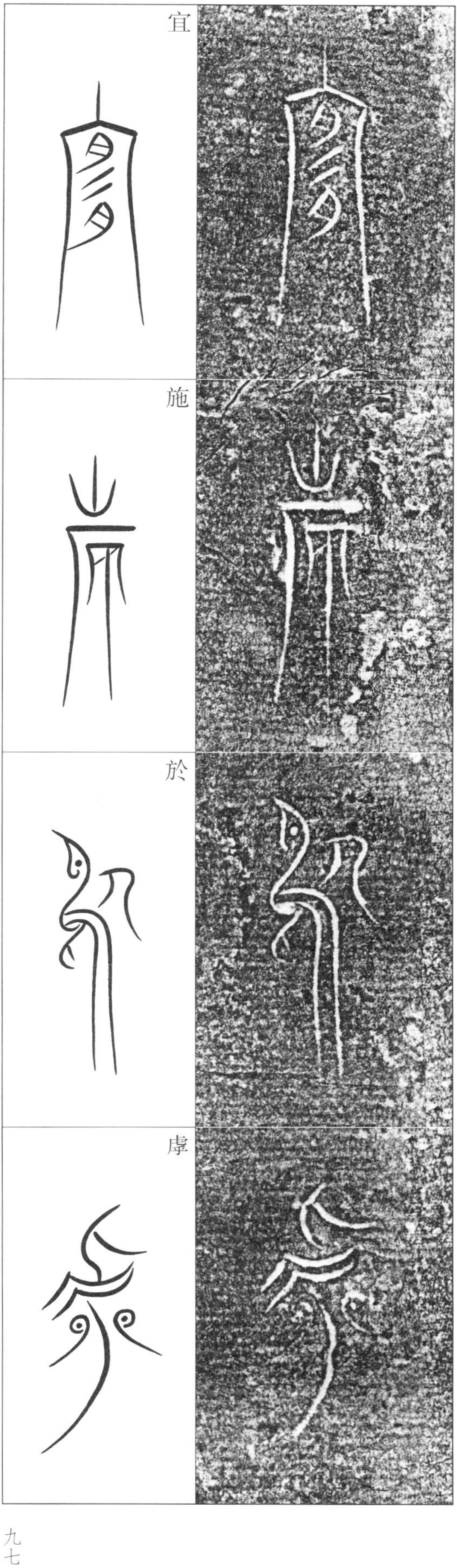

念（念）之孳（哉）！後

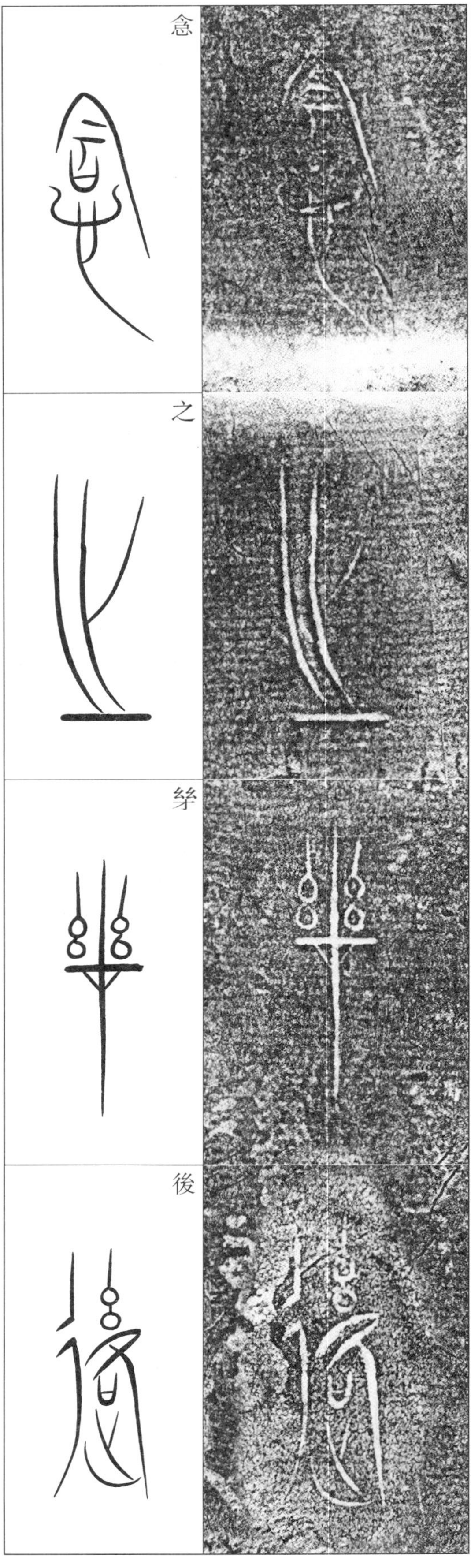

人其庸庸之

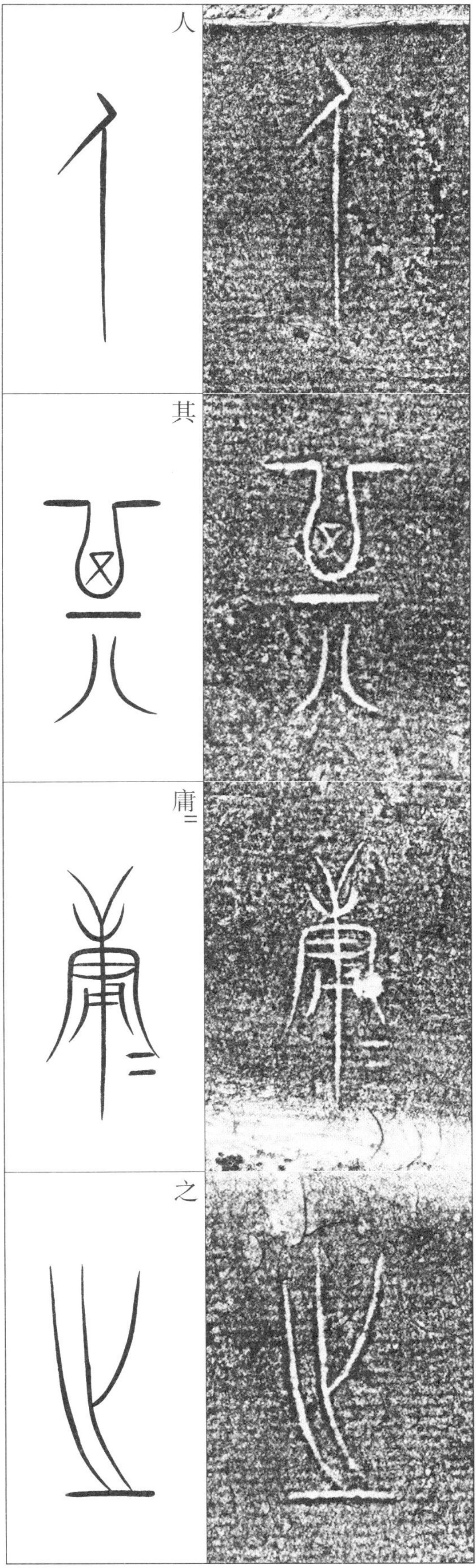

母（毋）忘尔邦。

母

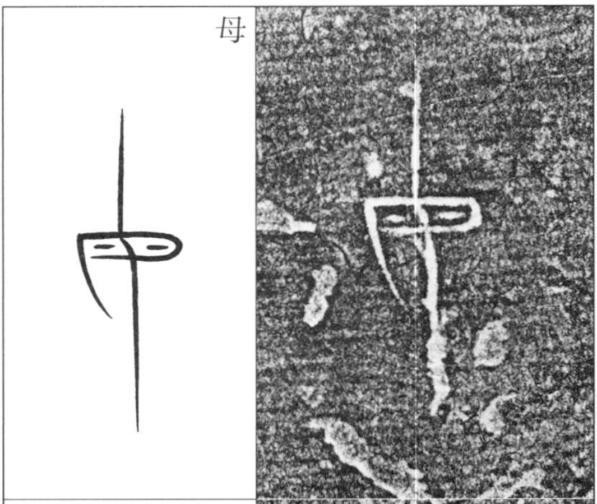

忘

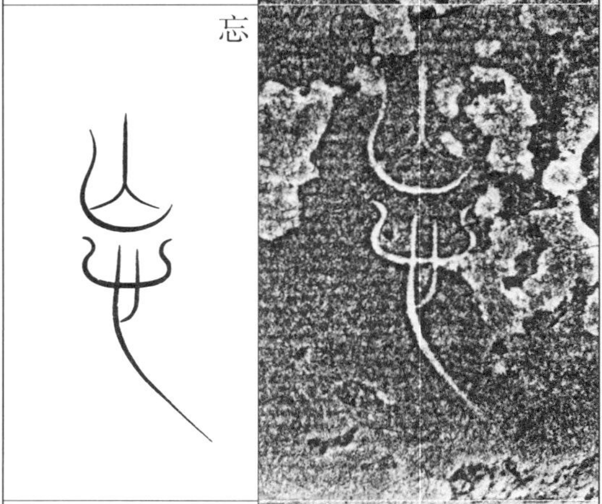

尔

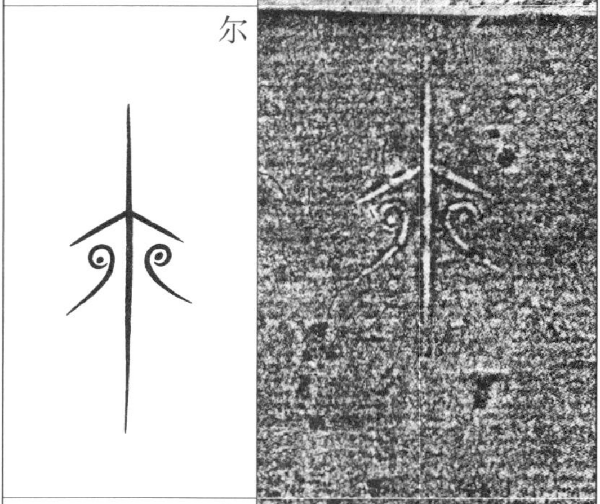

邦

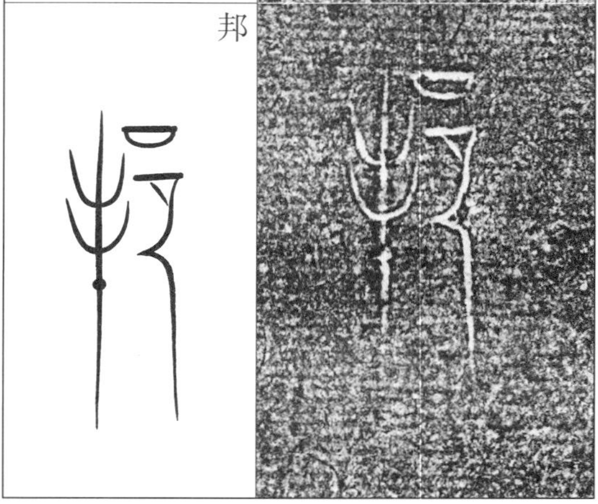

昔者吳人

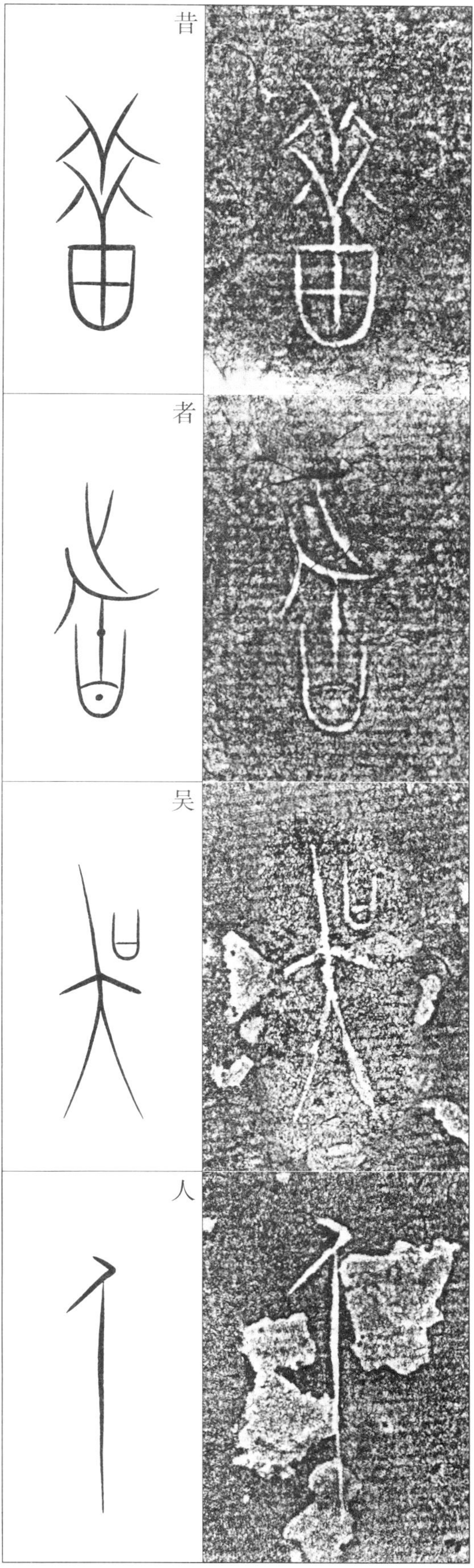

并雩（越），雩（越）人𩜁（修）

并

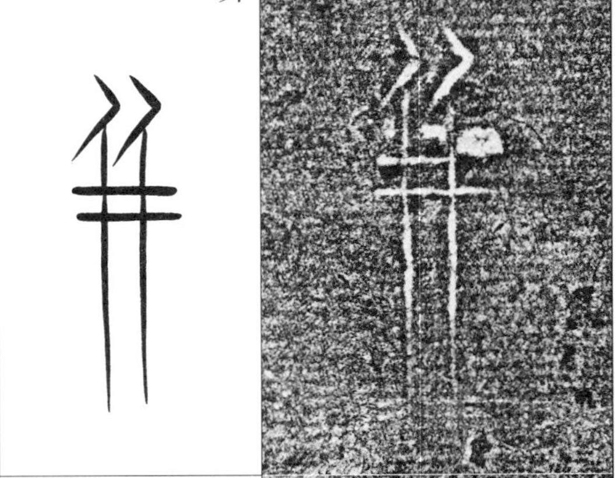

雩=

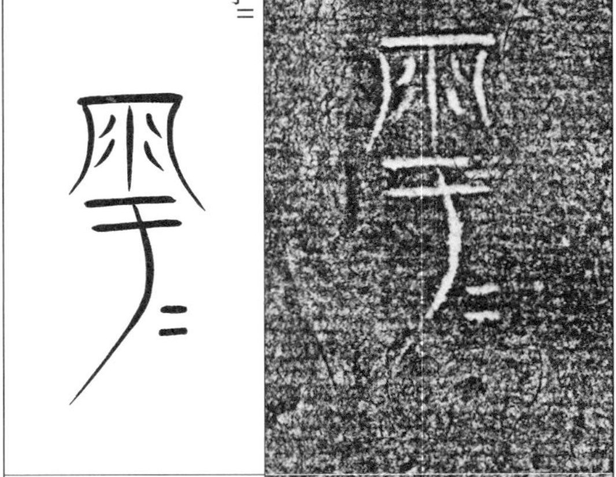

人

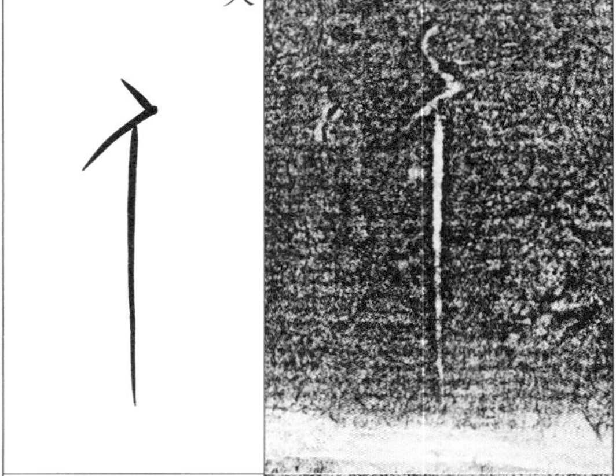

𩜁

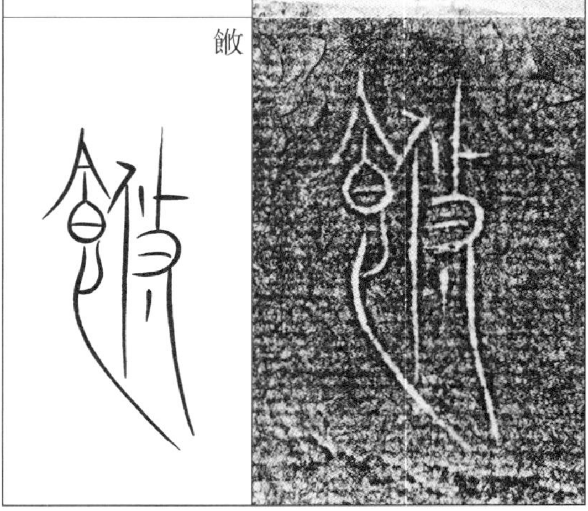

敩（教）備㐰（信），五

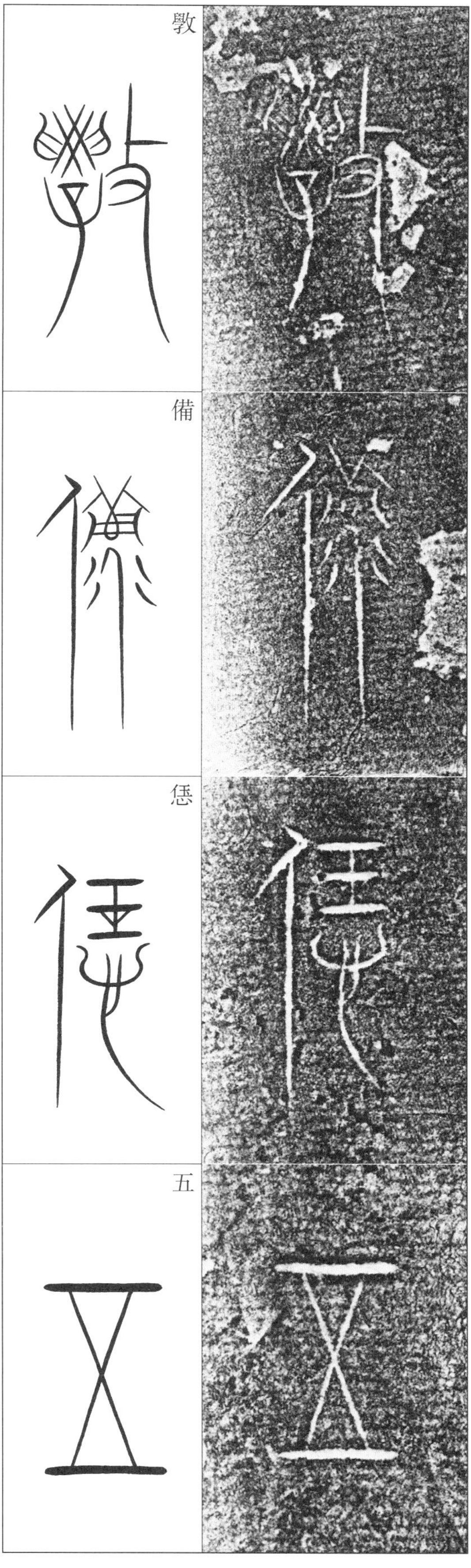

年覆吴，克

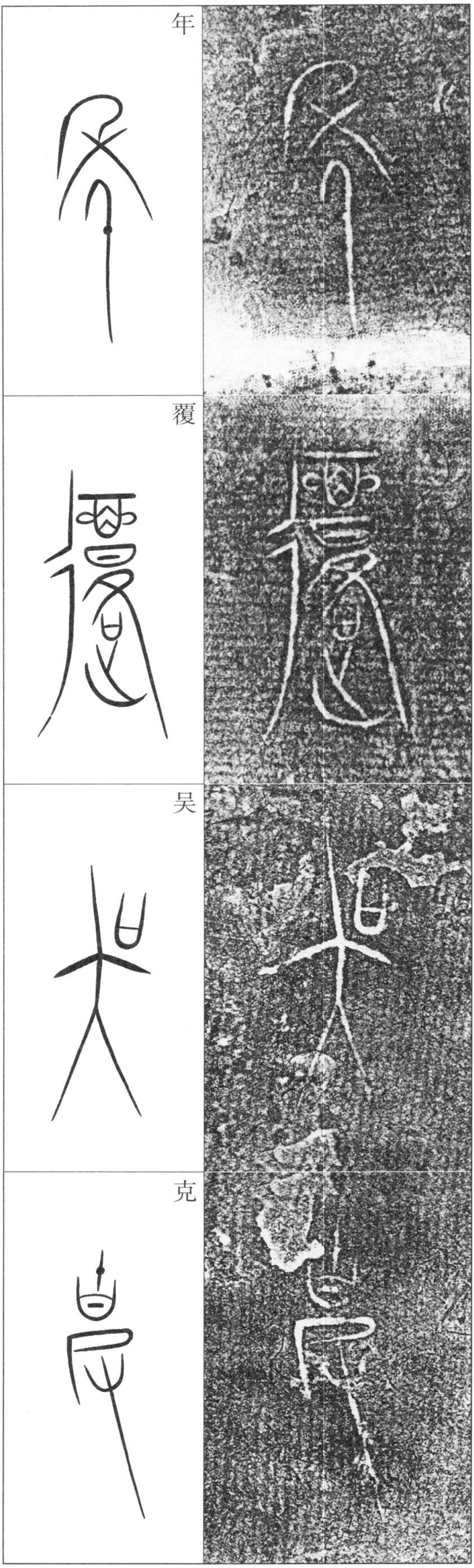

并

之

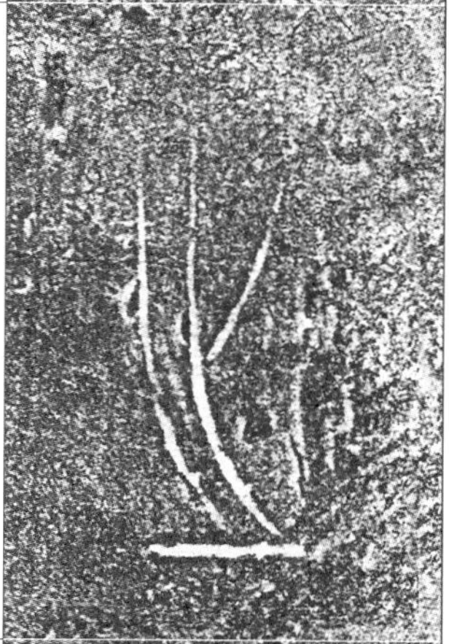

至

于

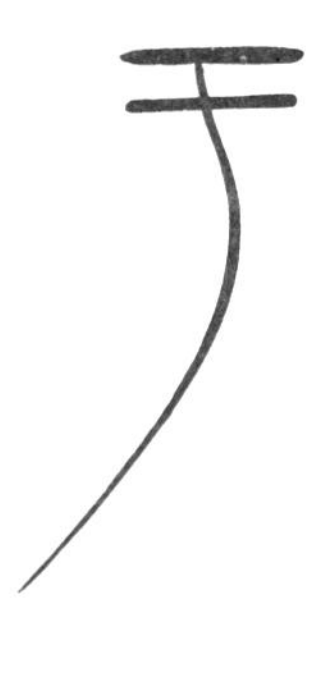

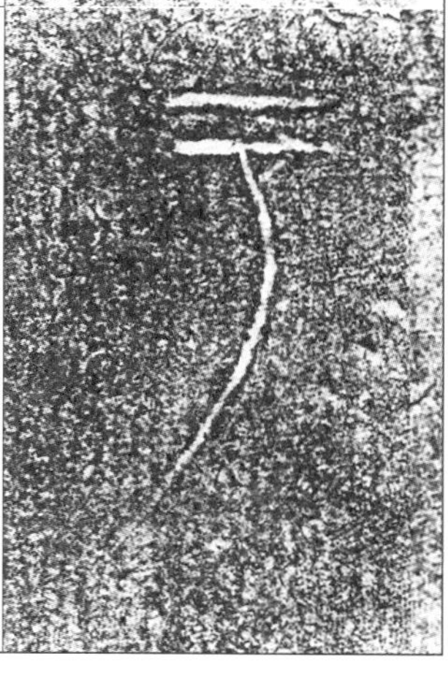

含（今）。尔母（毋）大

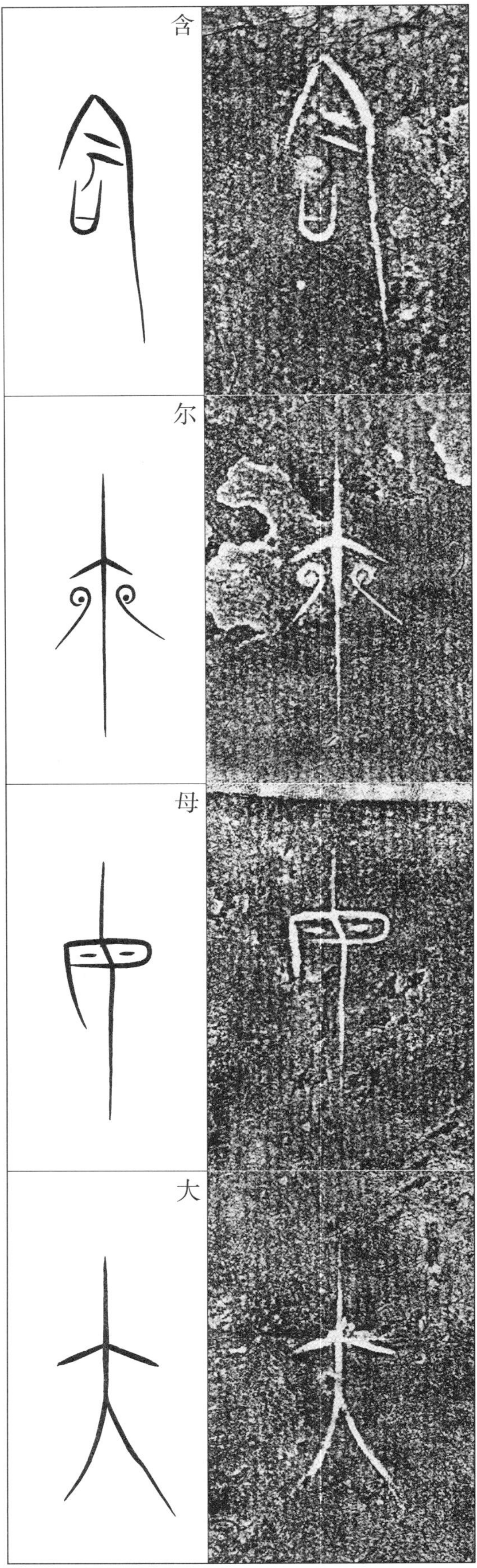

而㥥（肆），母（毋）富

而

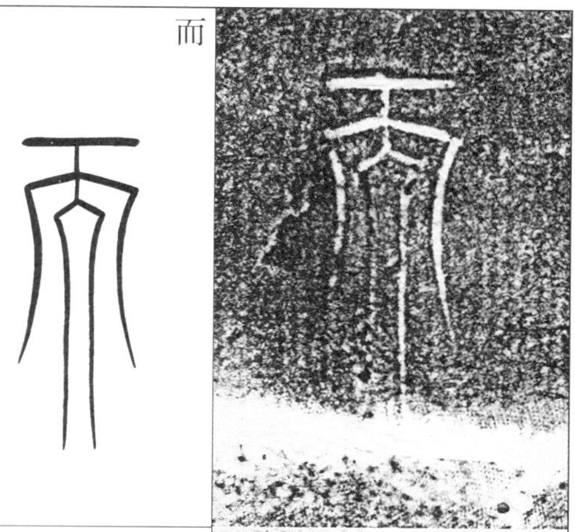

㥥

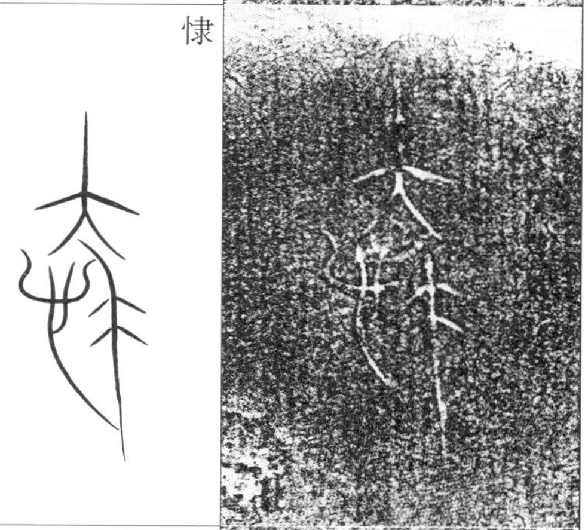

母

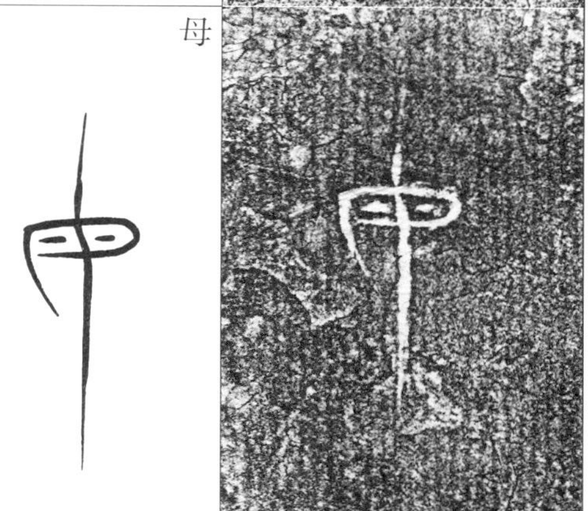

富

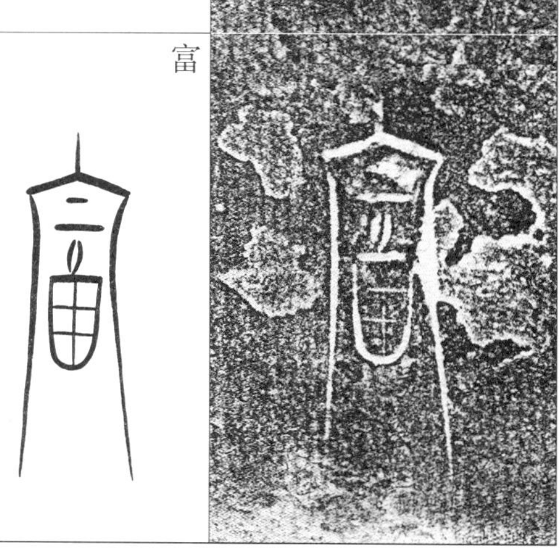

而喬（驕），母（毋）衆

而

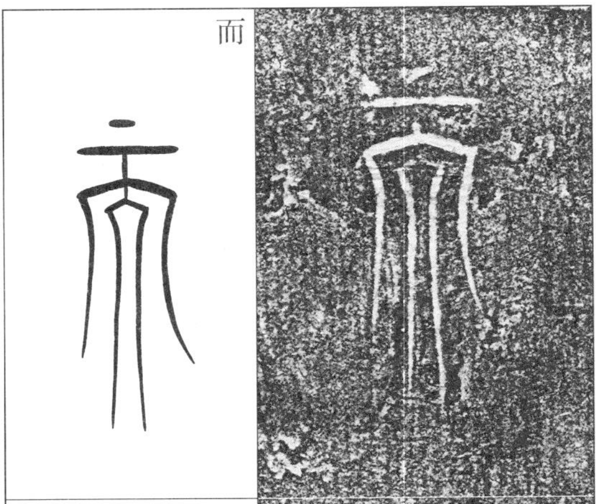

喬

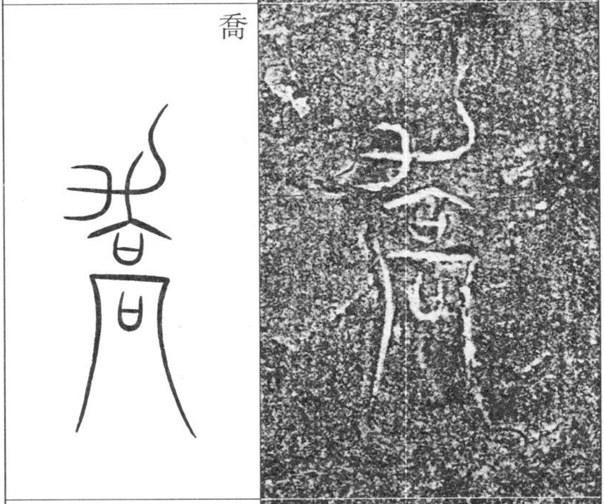

母

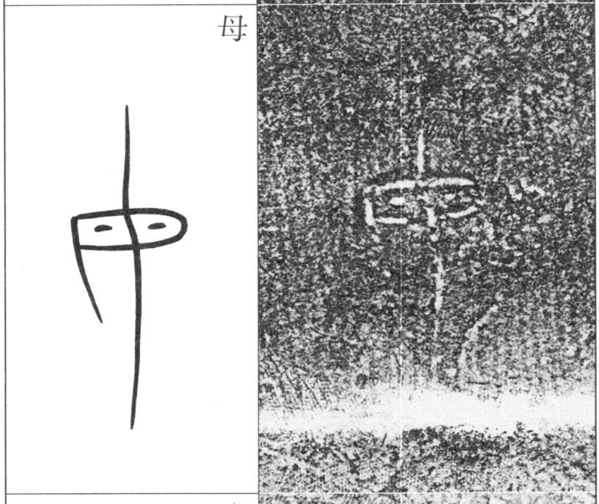

衆

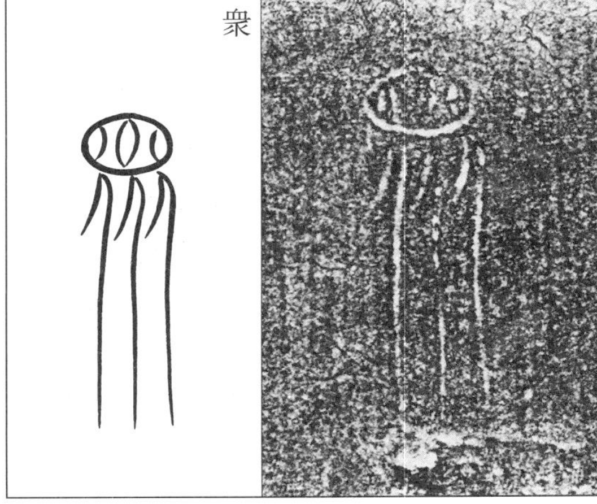

而嚣，叜（鄰）邦

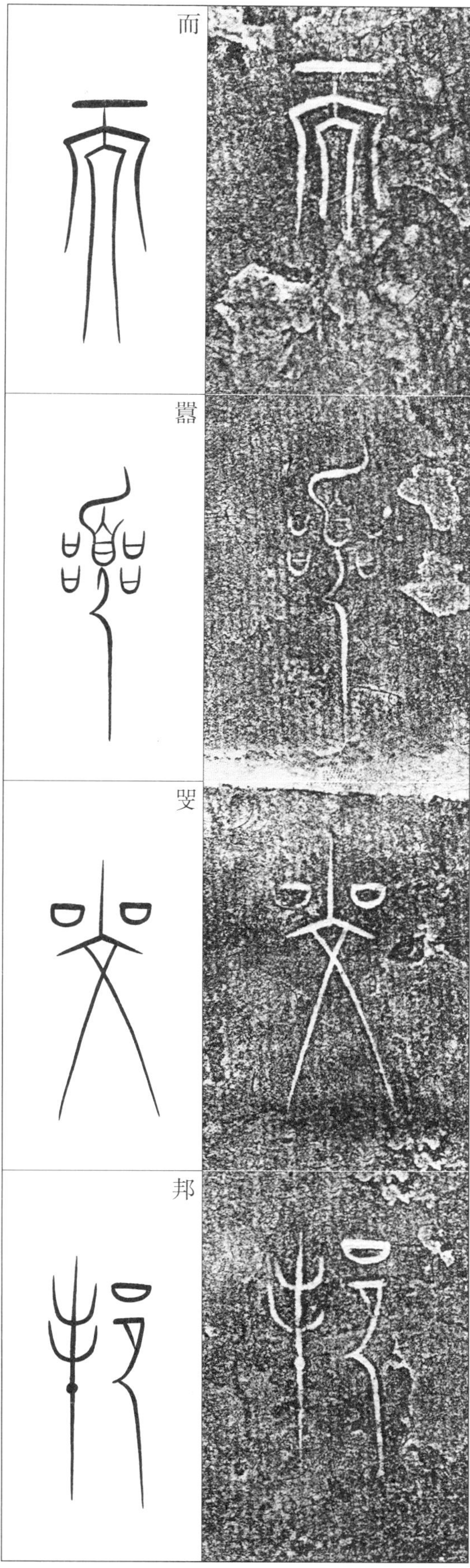

㸚寴（親），㦺（仇）人

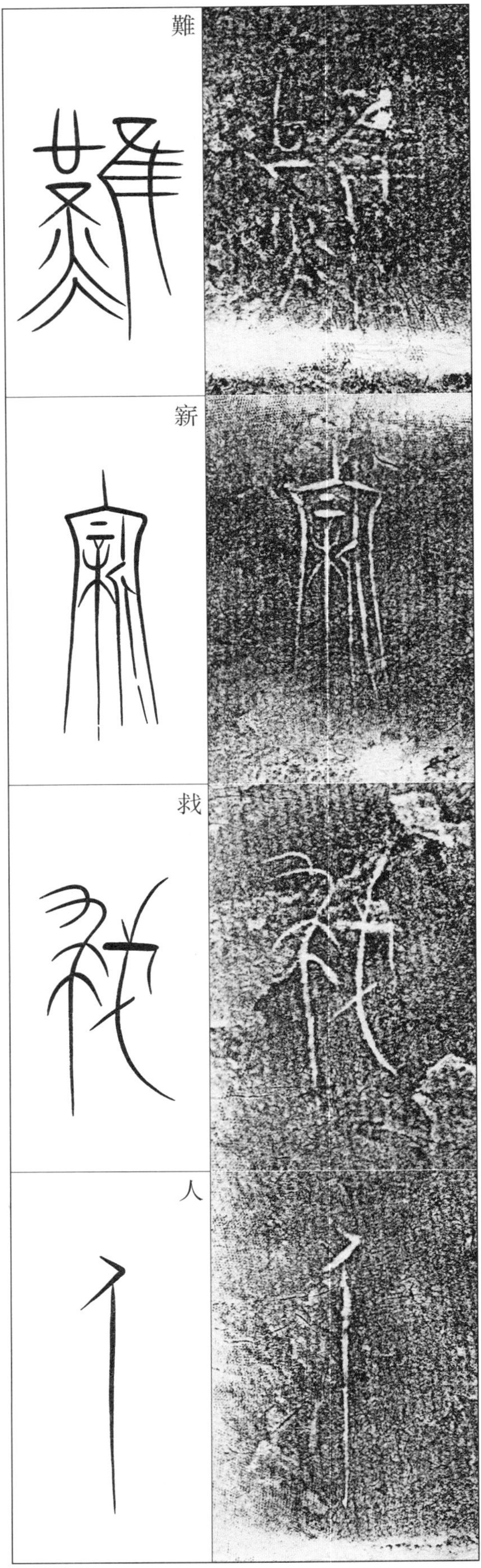

才（在）彷（旁）。於（嗚）虖（呼），

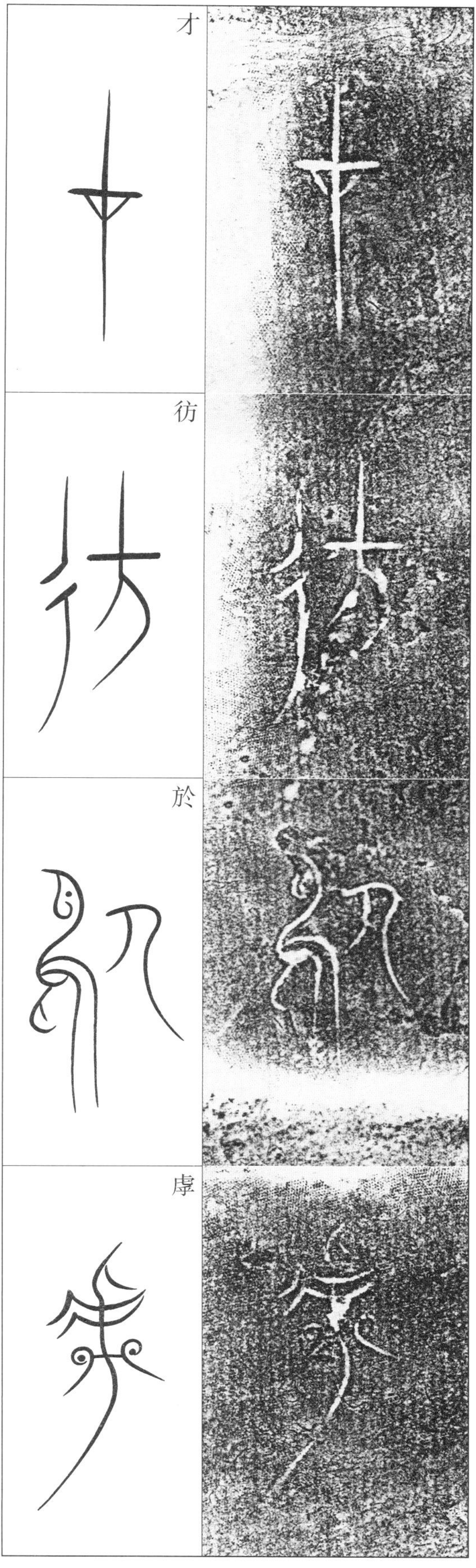

念（念）之⿱丝才（哉）！子子

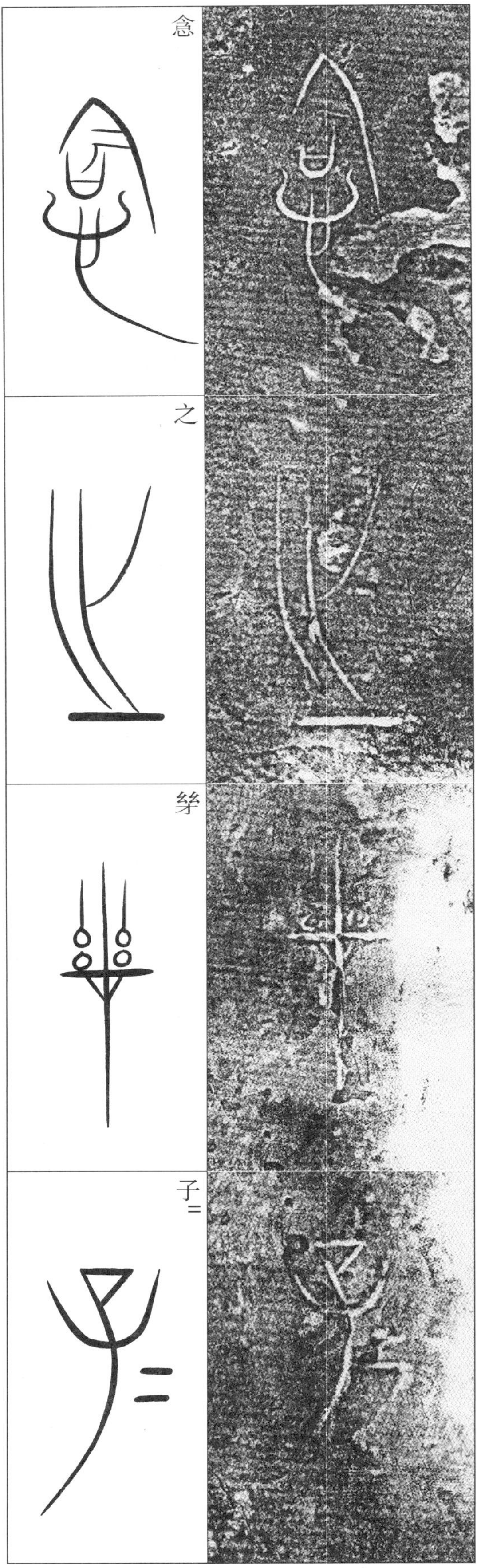

孫孫，永定保

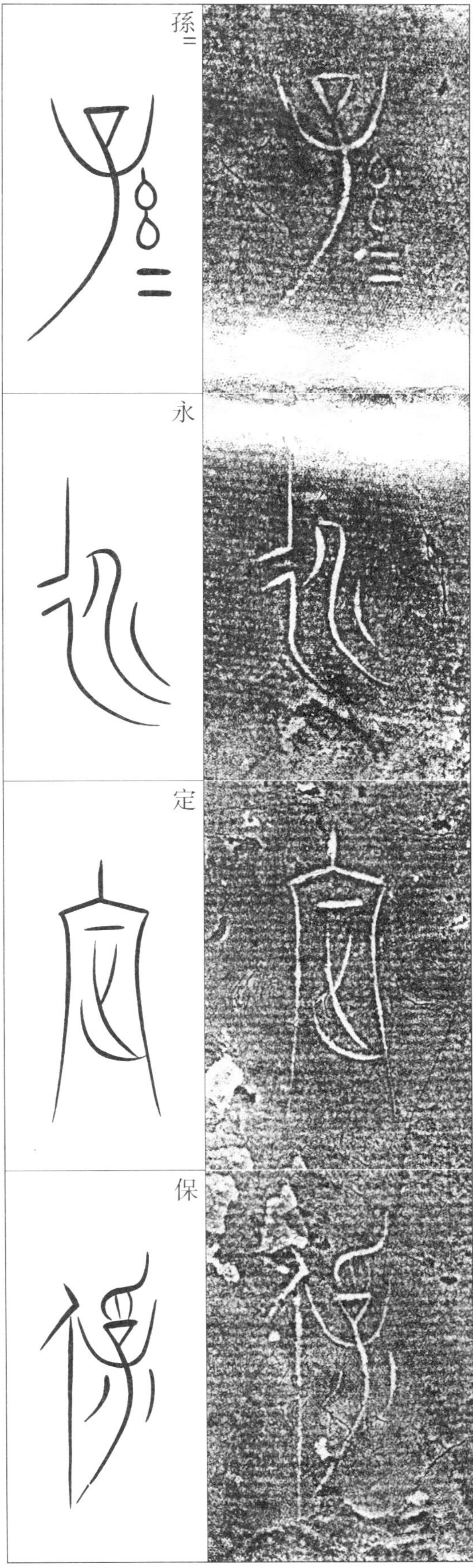

之，母（毋）竝（替）氒（厥）

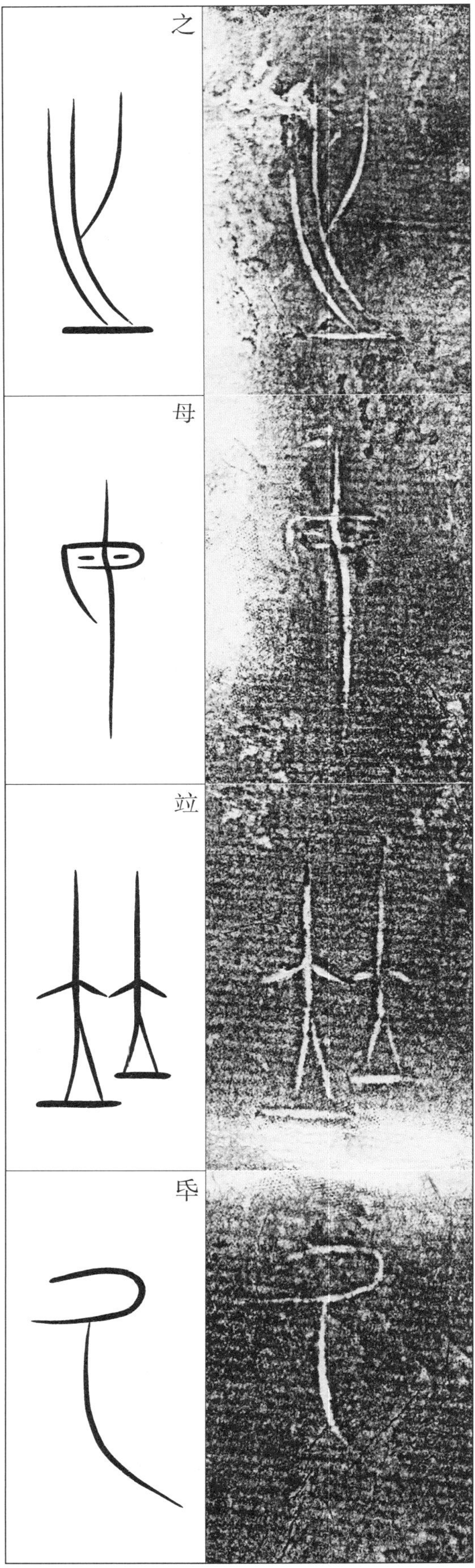

邦。

邦

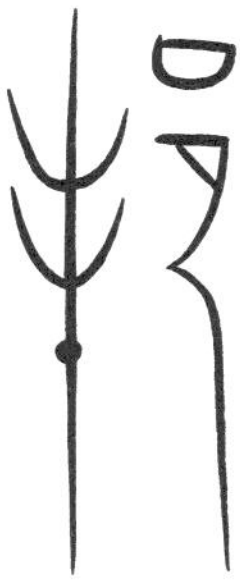

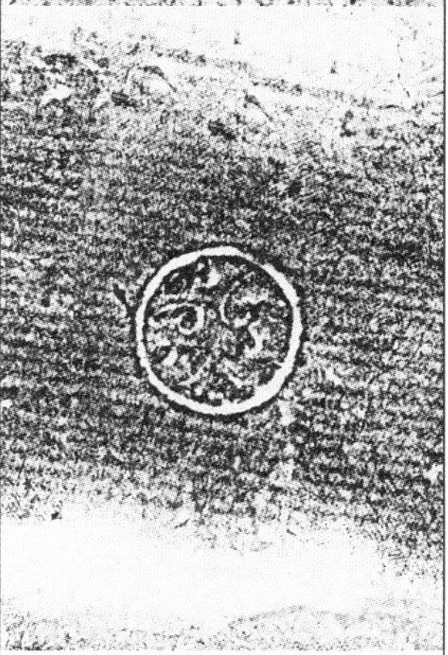